치킨집을 생각하는 당신을 위한

망하지 않고 돈을 버는 15가지 방법

옮긴이 아리프

낮에는 직장에서 일을 하고 밤에는 집에서 책을 읽는 평범한 직장인이다.
고민이 있으면 책에서 답을 찾으려고 노력한다.
덕분에 많은 책을 읽을 수 있었고 번역까지 하게 되었다.
아리프(Arif)는 '현명하고 지혜롭다'라는 의미의 아랍어다.
현명하고 지혜롭게 살고 싶은 마음에서 필명으로 쓰고 있다.
옮긴 책으로 《유튜버가 사라지는 미래》, 《2040 미래 예측》이 있다.

망하지 않고 돈을 버는 15가지 방법

초판 발행 2023년 2월 1일

지은이 사업가bot **옮긴이** 아리프 **펴낸이** 이성용 **책디자인** 책돼지
펴낸곳 빈티지하우스 **주소** 서울시 마포구 성산로 154 4층 407호(성산동, 중영빌딩)
전화 02-355-2696 **팩스** 02-6442-2696 **이메일** vintagehouse_book@naver.com
등록 제 2017-000161호 (2017년 6월 15일) **ISBN** 979-11-89249-72-4 03320

Original Japanese title: KANEMOUKE NO RECIPE

돈을 버는
기술이
최강의
기술이다!

치킨집을
생각하는
당신을 위한

망하지 않고 돈을 버는 15가지 방법

이 책은
치킨집이 아닌
돈을 버는 방법
이야기입니다!

사업가bot 지음
아리프 옮김

빈티지하우스
VINTAGE HOUSE

차례

프롤로그

비즈니스 불변의 법칙이란?

성공한 사업가가 반드시 성공 노하우를 가지고 있는 것은 아니다

이런 사업은 비즈니스가 안된다

누구나 쉽게 돈을 벌 수는 없다

초기 투자금이 너무 많이 드는 사업은 안된다

내가 잘 모르는 사업은 안된다

돈을 버는 기술이 최강의 기술이다

자본주의와 마주 보고 살아라

비즈니스 불변의 법칙이란?

나는 도쿄대를 중퇴하고 창업한 회사를 연 매출 100억 원이 넘는 기업으로 성장시켜 왔다. 그 과정에서 나는 비즈니스의 법칙이 '15가지의 불변의 법칙'으로 정리된다는 것을 발견할 수 있었다.

이 책은 내가 창업을 하고 회사를 키워오는 과정에서 발견한 '15가지의 불변의 법칙'을 다양한 비즈니스 모델, 경제학, 인간의 본능 등을 통해 철저히 검증하고 고찰하여 한 권의 책으로 정리한 것이다.

내가 창업을 시작하고 비즈니스의 노하우를 배우기 위해 수많은 책을 읽었지만, 정말 사업의 핵심을 다루고, 비즈니스의 노하우를 정리한 책은 한 권도 없는 것 같았다.

물론 사업은 살아있는 생물과 같기 때문에 '교과서를 읽는다고 해서 누구나 성공할 수 있다'는 것은 아닐 것이다. 하지만 반드시 지켜야 할 기본적인 원리·원칙 같은 것은 존재한다.
그런데도 기존의 비즈니스 관련 서적을 읽어보면, "비용을 재검토합시다", "직원들의 모티베이션을 높입시다"와 같이 정신론에 입각한 내용 또는 특정한 사례에서만 통용되는 단순한 경험담이 중심이 되는 것처럼 보였다.

따라서 내가 발견한 '비즈니스 불변의 법칙'을 정리하여 공개함으로써 자신의 성공 스토리를 자랑하는 엉터리 비즈니스 관련 서적들이 사라지고, 진정으로 사업을 배우고 싶어하는 사람들에게 조금이나마 도움이 되었으면 한다.

성공한 사업가가 반드시 성공 노하우를 가지고 있는 것은 아니다

앞서 언급했지만 나는 도쿄대 재학 중에 창업을 했고, 소위 성공한 사업가에게 투자를 받아 본격적으로 사업의 세계에 뛰어들었다.

창업을 하자마자 처음 느낀 점은 성공한 사업가들의 조언 내용이 전혀 달라 종종 서로 모순이 된다는 것이었다.

예를 들어, 나는 당시 대형 의류업체의 창업자에게 출자를 받고 있었는데, 그 창업자는 옷에 대해 매우 잘 알고 있었지만 나에게 해준 조언은 "이제는 인터넷 시대야, 모든 브랜드들이 홈페이지를 갖게 될 거야"라는 것이었다.

이 조언은 1998년 정도였다면 매우 유용한 것이었겠지만, 때는 2010년이었다.

나는 성공한 사업가는 어디까지나 자신이 성공한 사업 분야를 잘 알고 있을 뿐이지, 범용적인 사업 성공의 비결을 알고 있는 것은 아니라는 것을 깨닫게 되었다. 성공한 기업가에게 투자를 받은 김에 성공의 노하우까지 훔치겠다는 나의 달콤한 꿈은 산산이 부서져 버렸다.
그러면서 '성공의 법칙이 없다면 내가 만들어 주겠다'라고 처음 생각하게 되었다.

2010년 대학생 신분으로 창업을 한 이래 나는 단 한 번도 정규직이 되지 않았기 때문에, 조직의 비호를 받지 않으면서 성공의 비결을 찾아왔다.
그리고 10년간 사업을 키워오면서 '이것을 지키면 성공할 수 있다'라는 모종의 법칙이 있다는 것을 발견했다.

이것은 마치 버몬트 카레로 루를 만들고 양파와 당근 그리고 돼지고기를 넣으면 맛있는 카레를 만들 수 있는 만능 레시피와 같은 것이었다.

나는 이 만능 레시피를 찾으면서 지난 10년간 사업가로 일해 왔다.

이 책이 이제 사업을 시작하려는, 지금 사업을 하고 있는 여러분에게 조금이라도 도움이 되었으면 좋겠다.

이런 사업은 비즈니스가 안된다

마키아벨리는 "천국에 가기 위한 가장 효과적인 방법은 지옥으로 가는 길을 숙지하는 것"이라고 말했지만, 이를 사업에 응용한다면 비즈니스를 잘하는 가장 효과적인 방법은 비즈니스를 망치는 사업에 대해 숙지하는 것이 될 것이다. 따라서 비즈니스를 잘하는 방법에 대해 생각하기 전에 비즈니스를 망치는 것들에 대해 생각해보고 싶다.

누구나 쉽게 돈을 벌 수는 없다

우선, 사업에 있어서 "누구나, 쉽게, 반드시 돈을 번다"라는 것은 절대로 존재하지 않는다.
성공하는 사업이라는 것은 기본적으로 '수요에 비해 공급이 부족한' 상황이 발생하고 있기 때문에 초과이익이 발생하는 것이다.
그러나 "누구나, 쉽게, 반드시 돈을 번다"는 것이 성립되면, 단기간에 신규 사업자가 폭증하여 한계이익이 제로가 될 때까지 신규 사업자의 증가가 계속될 것이다.
이것은 과거 버블티 가게가 돈을 벌게 되면서, 단기간에 신규 사업자가 증가했고 순식간에 수많은 버블티 가게들이 망해버린 것과 완전히 같은 현상이다.

그런데도 “누구나, 쉽게, 반드시 돈을 번다”라고 주장하는 사람들이 없어지지 않는 것은, 사실 그들의 사업이 “이렇게 하면 돈을 벌 수 있어요”라는 노하우를 고액에 파는 비즈니스이기 때문이다. 그 노하우라는 것도 살펴보면 “당신도 저처럼 이 노하우를 다른 사람에게 고액에 팔면 돈을 벌 수 있어요”라고 쓰여져 있을 뿐이다.

이렇게 계층 구조적으로 피해자를 재생산함으로써 성립되는 것이 MLM, 즉 멀티 레벨 마케팅이며 일종의 다단계 사업이다.

초기 투자금이 너무 많이 드는 사업은 안된다

우선 자본주의의 원칙으로 피케티가 《21세기 자본》에서 주장한 r(자본수익률) > g(경제성장률)(그림 01)이라는 공식이 있다.[01]

자본이라는 것은 자본을 재생산하려는 성질을 가지고 있다. 예를 들어, 주식이든 부동산이든 투자를 잘한다면 연간 3~5% 정도의 수익을 안정적으로 올리는 것이 가능하다.
이 전제를 고려한다면 사업을 시작할 때 "무조건 초기 투자금이 많은 사업"은 최악이 된다.

---

01 피케티는 《21세기 자본》에서 r(자본수익률) > g(경제성장률)이라는 주장을 했다. 이 공식이 의미하는 것은 자본이 창출하는 수익이 경제성장률보다 역사적으로 높기 때문에, 임금의 상승 속도보다 자본이 창출하는 수익이 상회하여 결과적으로 부자는 더 부자가 되고 격차는 계속 확대된다는 것이다.

그림 01 r(자본수익률) > g(경제성장률)

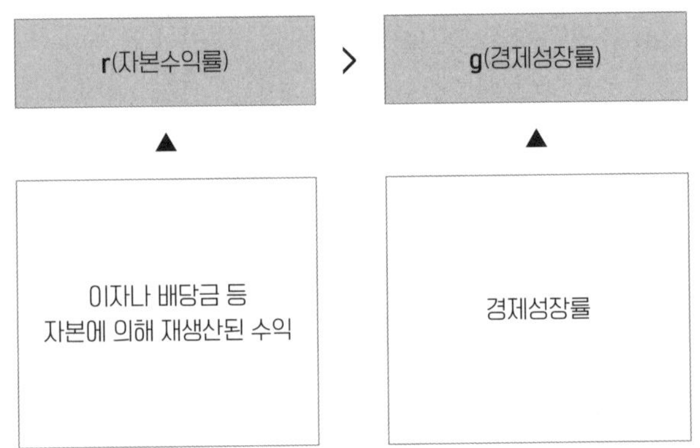

그 대표적인 사업으로 매장 사업을 들 수 있다. 우선 매장 사업이라고 하는 것은 투입되는 고정비에 비해 매출 성장에 한계가 있다. 매출 성장에 한계가 있는 이유로는 ①좌석 수에 상한이 있다 ②정해진 시간대에만 손님이 오기 때문에 놀리는 시간이 발생한다 ③회전률에 한계가 있다는 세 가지 이유를 들 수 있다.
즉, 매장 사업은 '손해를 볼 때에는 큰 손해를 보지만, 잘 되었을 때에도 큰 수익이 되지 않는다'라는 비대칭 구조를 가지고 있는 것이다.

여기에 매장 사업의 구조가 나쁜 또 다른 이유로 점포 인테리어와 보증금 등 초기 투자금이 많이 들어간다는 것을 들 수 있다.
많은 초기 투자금을 투입하고 '돈을 벌지 못할지도 모르는' 사업을 하기보다는 주식이나 부동산 등의 자산에 안정적으로 투자하여 자본에 의한 수익을 기대하는 것이 차라리

승률이 좋은 베팅이라고 할 수 있을 것이다.

내가 잘 모르는 사업은 안된다

사업을 시작할 때 의외로 많은 사례가 '자신이 전혀 모르는 분야에서 창업을 한다'는 것이다.
실제로 내가 임원으로 근무했던 프랜차이즈 체인에서도 이 같은 사례는 많이 관찰할 수 있었다. 대기업을 퇴직한 사람이 지금까지 사업을 스스로 한 적이 한 번도 없는 데도 퇴직금을 개업비에 전부 투입하고 사업을 시작하는 것은 아주 흔한 케이스였다.

지금까지 대기업에서 관리직을 했다고 해서 비즈니스에 대해서 아는 것은 아니다. 그것은 회사의 브랜드나 직책의 힘으로 일했을 뿐이지 비즈니스 자체를 아는 것이 아니기 때문이다. 오히려 해당 업계에 대한 이해가 전혀 없기 때문에 프랜차이즈 가맹비와 개업비로 2억 원, 추가로 정부 창업자금 대출 등에서 3억 원 정도의 빚을 내고 창업을 했다가 쓸쓸히 퇴장하는 것이 하나의 정형화된 패턴이었다.

사업을 시작할 때에 몇억 원의 투자금을 들여서 창업을 하는 것을 좋은 방법이라고 말할 수 없지만, 더 중요한 것은 '자신이 그 사업이나 상품에 대해 잘 모르는 상태에서 창업한다'고 하는 것으로 가장 큰 실패의 원인이 된다. 무엇보다도 '내가 가장 잘 알고 있는 것'을 비즈니스의 대상으로 삼는 것이 가장 중요하다.

'내가 가장 잘 알고 있는 것'의 정의는 '그 업계에서 일하고 있었다'가 아니어도 된다.
예를 들어, 블루보틀커피를 창업한 제임스 프리먼의 경우 커피 애호가로 커피에 대한 관심이 높아져 자신의 집 차고에서 자가 로스팅한 원두를 판매하기 시작한 것이 창업의 계기였다.

이처럼 '내가 이 상품을 원하기 때문에 만든다'라는 것만으로도 전혀 번거롭지 않고, 스스로가 타겟 소비자이기 때문에 더 깊은 니즈를 이해할 수 있는 것이다.

돈을 버는 기술이 최강의 기술이다

서점에는 '대단한 비즈니스 스킬'을 알려준다는 책이 넘쳐난다. 물론 일을 잘한다는 것은 중요하다.

그러나 우리가 사는 이 세계가 자본주의의 세상인 점을 감안한다면 일을 잘한다는 것은 회사의 수익기여도라는 KPI(핵심성과지표)[02] 하나면 충분하다.

요컨대 돈을 잘 벌면 될 뿐이다. 엑셀로 문서를 잘 작성하거나, 파워포인트로 깔끔한 프레젠테이션 자료를 만들거나, 영어를 잘하는 능력에 대한 필요성은 본질적인 비즈니스 스킬과 무관하다.

---

02 Key Performance Indicator = 핵심성과지표. 최종적인 목적으로 이어지는 중요한 지표에 설정되는 경우가 많다.

야구선수가 되기 위해 근육 트레이닝부터 시작하거나 달리기부터 시작하는 사람은 별로 없을 것이다. 근육이 늘어나도 보디빌더가 될 뿐이고 달리기가 빨라져도 육상선수가 될 뿐이다.
물론 야구를 잘하기 위한 과정에서 신체 활용법으로 근력도 지구력도 중요하겠지만, 근력과 지구력이 좋다고 야구선수로 성공하는 것은 아니다. 이는 비즈니스도 똑같다.

세상에 나와 있는 수많은 책들이 '비즈니스 스킬'에 포커스를 두고 있지만, 진정한 '비즈니스 스킬'이란 '돈을 버는 기술'이어야 하고, 돈을 버는 기술이야말로 최강 최고의 비즈니스 스킬이라고 생각한다.

자본주의와 마주 보고 살아라

우리 사회의 패러다임은 당신이 좋아하든 싫어하든 '자본주의'에 의해 움직인다. 자본주의란 돈을 매개로 재화나 서비스, 권력 그리고 개인의 시간과 능력까지도 사고파는 세계이다.

자본주의는 잔인하고, 자본 그 자체가 의사를 가진 것처럼 '자본주의'에 편입되지 않은 것들을 금전적 가치로 환산해 시장화하면서 확대해 나간다는 모멘텀을 가지고 있다.

예를 들어, 지금까지는 가족이 함께 하던 간병이 상업화되어 남에게 돈을 주고 받는 것으로 가치관의 전환이 일어난 것이 대표적인 예라고 할 수 있을 것이다.

나는 이 자본주의라는 패러다임 자체에 대해서는 가치 중립적이다.

다만, 압도적인 현실로서 자본주의 패러다임은 지금까지 확대되어왔고 앞으로도 더욱 확대될 것이라는 점은 틀림없다.

이 틀림없는 사실을 바탕으로 자본주의의 패러다임 속에서 자신이 어떻게 의사결정을 하느냐가 중요하다.

'포스트 자본주의'나 '자본주의 경제에서 평가 경제로[03]'라고 하는 주장이 2010년경부터 외쳐지고 있지만, 그 결과로 일어난 일은 SNS에서의 팔로워 매니지먼트, 즉 핵심은 팬 커뮤니티를 가장한 광고 비즈니스의 확대였다.

이 책을 읽는 독자들에게 말하고 싶은 것은 이것이다. 자본주의 자체에 대한 의구심을 가질 시간이 있다면, 자본주의

03　자본주의에서 별로 성공하지 못한 컨설턴트가 그럴듯한 말을 하기 위해 짜낸 말. 실제적인 형태는 크라우드 펀딩이라는 이름의 예매권과 평가 경제, 인플루언서 비즈니스라는 이름의 페이지뷰 벌이나 노이즈 마케팅이 대부분이다.

패러다임 속에서 살아남고 승리하기 위해서는 어떻게 해야 하는가에 대해 지혜를 짜내야 한다는 것이다.

비즈니스 불변의 법칙

00

비즈니스의 원리 원칙

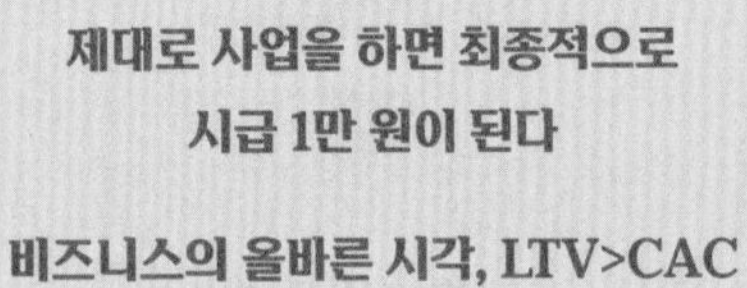

제대로 사업을 하면 최종적으로 시급 1만 원이 된다

비즈니스의 올바른 시각, LTV>CAC

제대로 사업을 하면 최종적으로 시급 1만 원이 된다

우선 강조해 두고 싶은 것은 보통 사업을 하다 보면, 결국 자신의 노동비용만큼의 이윤밖에 남지 않는다는 것이다. 이는 경제학의 원칙으로 보면 완전 경쟁시장[04]에서는 이윤이 제로가 된다는 것으로 설명이 된다. 즉, 모든 상품의 판매가격이 공개되고 소비자가 자유롭게 접근할 수 있는 상태가 되면 이익은 자신이 일한 만큼만 남는 것이다.

---

04 판매자와 구매자가 수없이 존재하고 시장의 모든 정보를 모든 참여자가 가지고 있다는 가정을 전제로 한 경제학의 개념적인 모델. 완전 경쟁시장에서도 경쟁자가 따라 할 수 없는 생산비용의 절감에 의한 저가격 판매를 실현하면 이론상 이익은 발생하지만, 지극히 어려운 일이라는 것은 말할 필요도 없다.

"For The Customers", "좋은 물건을 더 싸게"라는 슬로건을 내걸고 비약적인 발전을 이루었던 다이에이 슈퍼마켓[05]은 결국 사라졌는데, 그 이유도 바로 여기에 있다.

다이에이 슈퍼마켓은 제조사와 도매업자가 가격을 결정하고 있는 상황에서 소비자가 자유롭게 물건을 선택할 수 있도록, 기업의 영향력을 키워 제조사와 도매업자를 컨트롤하고 가격 통제권을 소비자에게 넘긴다는 것을 비전으로 내세워왔다.

그러나 다이에이 슈퍼마켓의 비전이 진정으로 실현되면 다이에이 슈퍼마켓에는 이익이 거의 남지 않는다. 결국, 다이에이 슈퍼마켓의 파산은 기업의 존재 의의가 거의 달성되었기 때문에 사라진 것이라고 생각할 수 있는 것이다.

---

05 일본에서 '유통의 아버지'로 불리는 나카우치 이사오에 의해 구축된 거대한 유통제국. 매출액 기준으로 미쓰코시를 제치고 일본 최고의 유통기업이 되었지만, '가격에서 품질로'라는 소비자 요구 변화를 읽지 못하고 "무엇이든 있지만, 원하는 것은 아무것도 없다"라는 조롱 섞인 말을 듣는 상태가 되어 허망하게 파산을 하게 되었다.

따라서 돈을 벌기 위해서는 '특수한 이유로 완전 경쟁시장이 되지 않는 시장'을 발견하고, 또 만들어낼 필요가 있다. 성공적인 사업을 위해서는 보통이 아닌 방식으로 통상적인 경제활동의 틀에서 벗어나 특수한 구조를 만들어내야만 하는 것이다.

비즈니스의 올바른 시각, LTV>CAC

시중에 나와 있는 비즈니스 관련 서적을 보면, 손익계산서에 대한 해설과 함께 우선 "고정비를 줄이고, 변동비를 관리합시다" 같은 글을 쉽게 찾을 수 있다.
그러나 비즈니스 모델을 진정으로 분석할 때, 가장 중요한 것은 LTV(라이프 타임 밸류)와 CAC(고객 획득 비용)의 균형(그림 02)이다.

LTV란 쉽게 말해서 "1명의 고객을 통해 얼마의 수익을 얻을 수 있는가?"이고, CAC는 "1명의 고객을 획득하기 위해서 얼마의 비용이 발생하는가?"이다. 예를 들어, 1회 객단가가 10만 원인 미용실이 있다고 하자. 인건비 원가가 3만 원이고 수익이 7만 원이라면, 이 손님이 연간 평균 10회 방

그림 02 LTV와 CAC의 균형

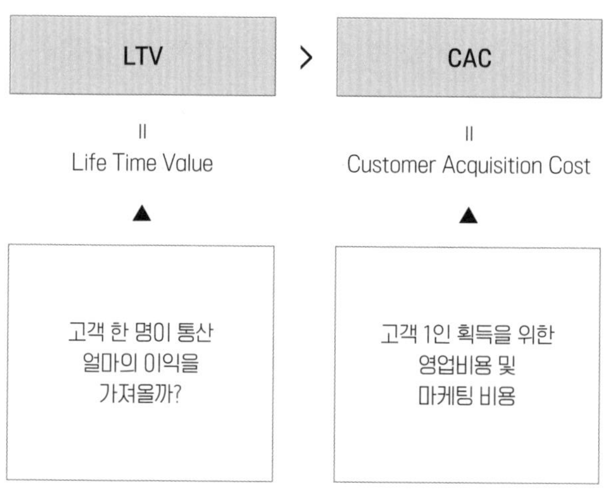

문한다면 고객 1인당 평균 수익은 70만 원인 셈이다.
물론 인건비 이외의 비용이 있기 때문에 고객 1명을 획득하기 위해 70만 원의 비용을 투입한다면 비즈니스는 되지 않겠지만, 개념적으로는 "1인당 70만 원 이하의 비용으로 집객을 한다면 수익이 발생한다"는 것이다.

반면, 손익계산서는 어디까지나 해당 월에 장사를 끝낸 것으로 계산되기 때문에, '미래의 고객 획득을 위해 투입한 비용'의 적자도 '정상적인 적자'와 마찬가지로 적자라는 시각으로밖에 나타나지 않는다.
따라서 기간을 기준으로 비즈니스를 끊어서 좋고 나쁨을 판단하는 손익계산서의 관점은 본질적인 의미가 없다.
이 같은 이유로 비즈니스 모델을 판단하는 본질적인 관점은 '고객 1인당 수익성'이 되는 것이다.

여기서 배운 '비즈니스 불변의 법칙'

- 완전 경쟁시장이 되지 않는 시장에서 승부하라!

- LTV>CAC의 관점으로 수익성을 판단하라!

비즈니스 불변의 법칙

01

소비자에게 구입하라

소비자에게 파는 비즈니스와 소비자에게 사는 비즈니스

노동력을 취합하여 판다

왜 인력 파견업의 요구가 있는가?

소비자에게 파는 비즈니스와 소비자에게 사는 비즈니스

일반적으로 '사업'의 이미지로 떠오르는 것은 슈퍼마켓이나 음식점과 같이 "소비자에게 파는" 비즈니스이다. 한편, 중고 오토바이를 매입하는 '바이크왕'이나 중고 책을 매입하는 '북오프'처럼 "소비자에게 사는" 비즈니스도 존재한다. 이 두 종류의 비즈니스를 비교했을 때, "소비자에게 사는" 비즈니스가 압도적으로 사업 구조가 좋다.
왜냐하면, 소비자는 말 그대로 '소비자'이므로 '소비'의 프로페셔널이기 때문이다.

100원이라도 싼 계란을 찾아 1킬로미터 떨어진 마트에 가는 주부가 결코 드문 존재가 아니라는 사실에서 이를 알 수 있을 것이다. 소비를 할 때 소비자는 가격 민감도가 높아진다.

하지만, 소비자는 '팔기'에 프로페셔널이 아니다. 실제로 북오프에 책을 팔기 위해 가져갔다가, "모두 10원입니다"라는 말을 들어도 다시 가져가기가 귀찮아서 다 팔아버리는 사람들이 대부분이다.

소비자가 '팔기'에 나설 때는 매각의 일회성이 작용하므로 가격 시세를 잘 알 수 없다. 반면, 매수자 측은 여러 차례 반복적으로 거래를 하고 있어 시세를 잘 이해하고 있다.

---

06 중고차 회사 걸리버의 성공 요인은 '매입 전문'을 내세운 것이었다. 걸리버 이전의 중고차 회사들은 '고가 매입'과 '저가 판매'를 동시에 내세우는 다소 모순된 형태의 사업이었지만, 걸리버는 '매입 전문'으로 매입한 차량을 업체 간 시장에 흘러 보냄으로써 "소비자로부터 매입한다"라는 핵심가치에 주력할 수 있었다. 이 전략의 사례는 《스토리로서의 경쟁 전략》에도 잘 나와 있다. 또한 '매입 전문'과 같은 접근법은 다른 업종에서도 전개할 수 있는 가능성이 있다고 생각된다. 예를 들어, 시장가격이 어느 정도 고정되어 있고, 업체 간 가격이 안정된 상품이라면 "싸게 매입한다"라는 점에 초점을 맞춰 사업을 전개하고, 매입한 물건을 업체 간 시장에서 판매하여 수익을 거둔다면 새로운 사업의 힌트가 보일지도 모른다.

'걸리버'라는 중고차 회사는 '매입 전문[06]'이라는 새로운 비즈니스 모델로 크게 성장했다.

이는 이익의 원천이 '소비자로부터의 매입'에 있음을 간파하고, 매입에 초점을 맞추어 이익률을 높이는 데 성공했기 때문이다.

노동력을
취합하여 판다

소비자가 '팔기'에 나설 때, 가격에 대해 진지하게 생각하지 않는 것은 물건뿐만 아니라 자기 자신에 대해서도 마찬가지다.
노동자 급여는 실질적으로 '해당 업계×업계에서의 위치×직급 및 고용형태'의 형태로 대부분 결정되고 있고, 그것에 대해 의문을 갖는 사람은 그리 많지 않다.
반대로 말하면, 노동자에게서 '노동력을 살 때'도 기회가 있다는 것이다.

이 노동력을 매입해서 판다는 것은 사실 지극히 원시적인 비즈니스이다. 예를 들어, 대표적인 야쿠자인 '야마구치구미'가 항만 노동자의 파견업으로 시작된 것처럼 쉽게 마진을 얻을 수 있는 비즈니스인 것이다.

그리고 이 비즈니스를 시대에 맞춰 변화시킨 것이 인력 파견업이며 '클라우드웍스'나 '랜서스' 같은 프리랜서 플랫폼, 즉 클라우드 소싱 계열의 비즈니스라고 할 수 있다(그림 03).

그림 03 클라우드 소싱의 구조

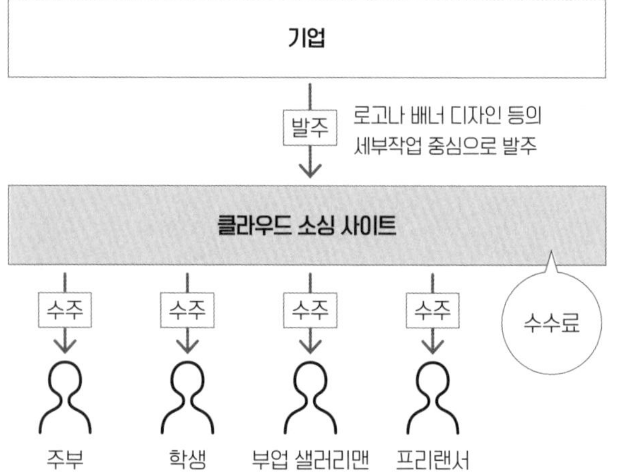

왜 인력 파견업의 요구가 있는가?

여기까지 읽은 독자들은 단순한 의문이 생길 수 있을 것이다. 그렇다면 "왜 직접 고용하지 않는 것일까?" 직접 고용을 한다면 중개업자에게 수수료를 지불할 필요가 없기 때문에 20% 정도의 비용을 절감할 수 있기 때문이다.

인력 파견업의 본질적인 가치는 "노동자의 평가점수 기록", "즉시 대량으로 고용 가능", "해고 규제의 대응" 이 세 가지에 있다.

특히, 노동자 보호를 위한 해고 규제[07]가 엄격한 국가의 경

07 정리해고의 4가지 요건을 갖추지 못하면 합법적인 해고로 간주되지 않고 있다. 구체적으로는 ①인원 정리의 필요성 ②해고 회피 노력 의무의 이행 ③피 해고자 선정의 합리성 ④해고 절차의 타당성의 4가지 요건이 충족되어야 하기 때문에 합법적인 해고의 문턱은 매우 높다고 할 수 있다.

우 이것이 반대로 파견업에 대한 강한 요구를 낳게 된다. 지금 당장은 노동력이 필요하지만 노동력의 필요가 없어질 가능성이 있는 경우, 그 일에 대해 정규직 직원을 고용하고 싶지 않다는 요구가 작용하는 것이다.

또한, 정직원의 경우 A의 월급을 같은 부서 B의 월급의 3배로 하는 것은 실질적으로 매우 어렵지만 프리랜서의 경우라면 가능하다.
이러한 노동력 유동성의 제공과 급여를 필요에 따라 결정하는 다이내믹 프라이싱이 기업에게 있어 인력 파견업의 요구라고 할 수 있을 것이다.

여기서 배운 '비즈니스 불변의 법칙'

- 소비자에게 팔지 말고 소비자에게 사라!

- 노동력을 취합하여 팔아라!

치킨집을 생각하는 당신을 위한 망하지 않고 돈을 버는 15가지 방법

비즈니스 불변의 법칙

02

고객에게 작업을 시켜라

고객이 직접 조립하는 IKEA

불고기 전문점의 강점

고객에게 작업을 강요할 수 없을까
생각해보자

고객이 직접 조립하는 IKEA

가구업계에서 세계를 선도하는 기업으로 IKEA가 있다.

IKEA의 가장 큰 특징은 단순한 합판과 나사 등을 제공하고 “조립하면 책장이 되니까, 책장이다”라고 주장하면서 폭리를 취한다는 것이다.

냉정하게 생각해보면, 가구의 원가 중에서 원재료의 비용이라는 것은 그다지 높지 않고 오히려 조립에 드는 노동비용이 더 클 것이다.

IKEA는 ‘DIY’라는 단어를 활용하여 조립 작업을 고객에게 강요하고 있다(그림 04).

본능적으로 무언가를 만들거나 조립하는 작업을 좋아하는 사람이 세상에는 일정 수가 있으므로 그러한 사람들에게는 IKEA가 딱 맞는 업체인 셈이다.

그림 04 고객이 작업하도록 하는 IKEA의 비즈니스 모델

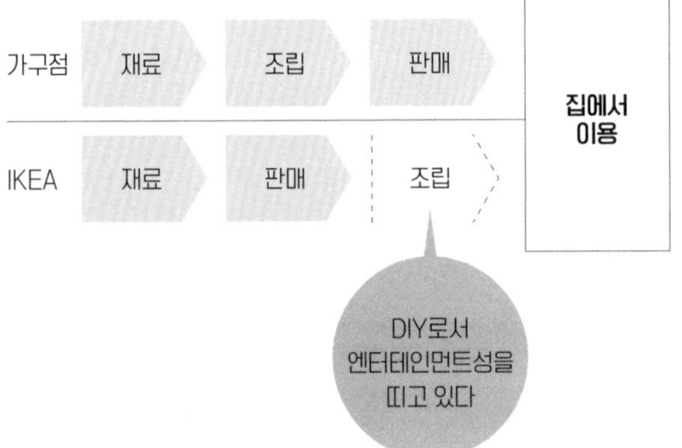

"손님에게 작업을 떠넘긴다"라는 점에서 불고기 전문점도 마찬가지인 비즈니스이다.

불고기를 생각해보면, 고기를 썰어서 약간의 양념에 재운 정도의 요리이다. 고기를 굽는 것은 손님 쪽이라 요리사의 수고가 거의 들지 않는다. 따라서 전문적인 요리사를 고용할 필요가 없다는 점에서 요식업으로는 관리하기 쉬운 업태인 것이다.

불고기 전문점의 강점

“손님에게 조리를 시킴으로써 조리 비용을 손님에게 전가할 수 있다”라는 강점을 가지고 있는 불고기 전문점이지만, 그 밖에도 음식점으로서 좋은 조건을 가지고 있다.

전제로서, 음식점으로 성공하기 좋은 조건은 다음과 같을 것이다.

① 집에서 만들기 어려운 요리이다.

② 재료 구입에서 우위를 쌓을 수 있다.

③ 술 주문이 나오기 쉬운 업태이다.

먼저 ①의 경우 반대로 집에서 만들기 쉬운 요리인 카레를 생각해보자.

카레는 전형적인 가정식 요리이다. 그리고 집에서 만들기 쉬운 요리의 경우 가격의 기준점은 "집에서 직접 만들었을 때 얼마가 들까?"라는 식이 되어버린다. 그러면 음식점의 경우 프리미엄을 얻는 것이 어려워진다.

또한, 카레 전문점을 운영하기 어려운 이유는 몇몇 기업이 카레 향신료의 수입을 독점하고 있기 때문에 ②의 재료 구입에서 대량 구매로 인한 우위를 얻기 어렵다는 구조적인 원인도 있다.
이처럼 카레 전문점을 비즈니스로 키우기 위해서는 재료 구입에서 스케일 메리트도 얻기 힘들고, 고객에게 프리미엄을 전가하기 어려운 사업 구조가 있는 것이다.

반면, 불고기 전문점의 경우 ①②의 관점에서 환기시설이 없는 집에서 요리를 할 경우 냄새가 발생하고, 대량 구매로 좋은 품질의 고기를 일반인보다 저렴하게 구입할 수 있다는 점에서 카레 전문점과는 반대의 사업 구조가 펼쳐지게 된다.

또한 ③에 대해서는 불고기는 강한 양념의 요리로 맥주와 같은 주류와 함께 한다는 이미지도 있다. 따라서 마진이 큰 주류에 의해 추가 이익을 발생시키기가 쉽다.

게다가 요식업계의 역사적 요인도 있다. '규카쿠[08]' 같은 대형 체인점이 나오기 전에는 불고기 전문점은 재일 한국인들이 경영하는 소규모 음식점이라는 고정관념이 있었고, 프렌치 레스토랑이나 이탈리안 레스토랑이 외식업체로서 '격'이 높다는 편견이 있었기 때문에 일본에서 초과이익을 얻기 쉬운 음식점 업태였던 것이다.

---

08 기존 불고기 전문점 이미지와는 차별성을 두고 청결하면서도 저렴하게 고기를 즐길 수 있어 급속한 성장에 성공했다. 창업자인 니시야마 도모요시는 현재 1인 불고기 전문점 '야키니쿠 라이크' 등 참신한 업태를 개발하고 있다.

고객에게 작업을 강요할 수 없을까 생각해보자

새롭게 창업을 생각하고 돈을 벌려고 고민하는 사람이라면 IKEA나 불고기 전문점처럼 "고객에게 작업을 시킨다"라는 관점을 기존의 비즈니스에 접목시켜보는 것은 어떨까? 비용 절감 차원에서 불가피하게 발생한 업태이긴 하지만 '셀프 주유소'도 그런 예일 것이다.
예를 들어, 위생상의 문제가 있겠지만 초밥 재료만 제공하고 요리 자체는 손님이 스스로 하는 엔터테인먼트성이 있는 초밥집 등도 기회가 있을지 모른다.

혁신적인 신상품을 여러 가지 내놓은 닌텐도의 전설적인 프로듀서 요코이 군페이가 말한 아이디어 발상법으로 '낡은 기술의 수평적 사고[09]'라는 것이 있다. 새로운 아이디어를 발상할 때 최신 기술을 활용한 상품을 만드는 것이 아니라, 오히려 낡은 기술을 활용해 재미있는 상품을 만들 수 없을까 고민하는 발상법이다.

불고기 전문점은 원래 '셀프 고깃집'이었지만, "고객에게 작업을 떠넘긴다"라는 원칙을 전용하여 셀프 튀김집, 셀프 초밥집, 셀프 라면집, 셀프 골프장 등 '셀프 ○○○'라는 개념을 새로운 비즈니스에 적용시켜 보는 것만으로 새로운 '비즈니스의 법칙'을 발견할 수 있을 것이다.

---

09 닌텐도의 프로듀서라고 하면 마리오의 아버지인 미야모토 시게루가 유명하지만, 요코이 군페이도 신축하는 격자 모양의 기계로 먼 곳의 물건을 잡을 수 있는 장난감 '울트라 핸드' 등 수많은 히트 상품을 만들어낸 전설적인 프로듀서이다. 그가 제창한 개념이 '낡은 기술의 수평적 사고'이다. 최신 기술은 게임이나 장난감의 제조비용을 높이는 원인이 되는 반면, 이미 보급이 되어 있는 낡은 기술은 검증되어 있을뿐 아니라 저렴하고 안정적으로 사용할 수 있다. 예를 들어, 세계 최초의 휴대용 게임기 '게임&워치'는 당시 계산기에 사용되는 칩을 그대로 사용하여 만들어졌다.

여기서 배운 '비즈니스 불변의 법칙'

- 작업에 엔터테인먼트 요소를 갖게 하여 고객에게 떠넘겨라!
- '셀프 ○○○'을 발명해라!

비즈니스 불변의 법칙

03

모으면 비싸지고, 나누면 비싸진다

모아서 팔든지 나눠서 팔든지

스케일 메리트와 스몰 메리트

고급품이라는 이미지를 이용하자

모아서 팔든지 나눠서 팔든지

원래 이 세계에 존재하는 재물은 '모으면 비싸지는 것'과 '나누면 비싸지는 것'으로 나누어진다.

예를 들어, 모으면 비싸지는 재물의 전형은 '토지'이다. 일본을 대표하는 디벨로퍼인 '모리빌딩[10]'의 비즈니스 모델은 10년 이상의 시간을 들여 뿔뿔이 나누어진 주택들이 밀집한 지역의 토지를 매입하고 재개발하여 초대형 빌딩을 세우는 것이다(그림 05, 06)[11].

10　요코하마시립대학교의 경제학자였던 모리 다키치로가 창업한 부동산 개발업체이다. 도쿄를 대표하는 랜드마크인 '롯본기 힐스 모리타워' 등을 보유한 몇 안 되는 비재벌계 부동산 회사로 모리 다키치로의 사망 이후 아들인 모리 미노루가 회사를 이끌고 있고, 모리 미노루의 동생 모리 아키라가 이끌었던 모리빌딩개발은 후에 모리트러스트로 독립하였다.

그림 05 모리빌딩의 비즈니스 모델

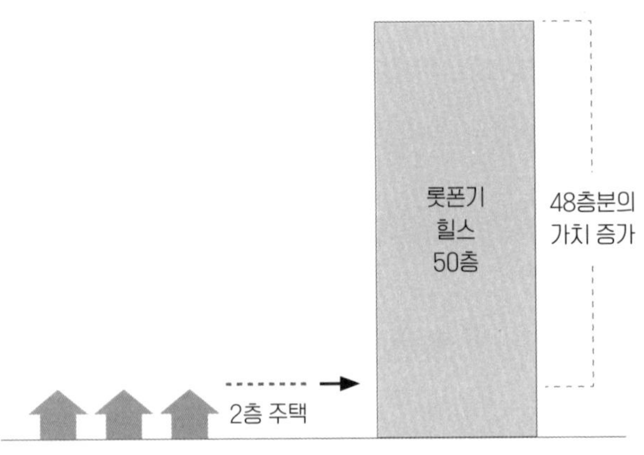

왜 토지는 모으면 비싸지는 것일까? 뿔뿔이 나누어진 좁은 토지라면 2층짜리 주택만 지을 수 있었겠지만, 나누어진 토지를 모아서 정리하면 50층짜리 빌딩을 세울 수 있는 건축 부지가 되기 때문이다. 즉, 토지를 모음으로써 48층분의 현금흐름이 추가로 창출되는 것이다.(실제로는 지역별 용적률 등 고려할 사항이 많지만 설명을 위해 단순화하는 점을 이해하기 바란다.)

한편, 나누면 비싸지는 재물의 대표적인 예는 고기와 생선이다.
고기나 생선은 큰 덩어리 상태보다 부위별로 나누어 파는 것이 더 비싸다. 부위별로 나누는 것이 큰일은 아니지만 부

---

11 모리빌딩의 비즈니스 모델은 저층 밀집 지역을 고층 빌딩으로 바꾸는 것으로 압도적인 레버리지가 발생하지만, 그만큼 재개발 기간이 오래 걸린다. 모리빌딩이 비상장기업인 이유 중 하나로 재개발 사업에 시간이 오래 소요되기 때문에 단기 자본수익성을 요구하는 주식시장에 적합하지 않다는 경영진의 판단이 있는 것으로 보인다.

위별로 나누는 노력이 들어갔다는 인지가 작용해 소비자가 더 높은 비용을 허용하는 셈이다.

이밖에도 세상 대부분의 재물은 '모으면 비싸지는 것'과 '나누면 비싸지는 것'으로 나누어져 있다. 따라서 지금 우리 앞에 있는 재물도 이 같은 기준으로 나눌 수 없는지 늘 사고실험을 해보는 것이 중요하다.

그림 06 롯폰기 힐스의 구획 정리 전과 후의 항공사진

구획 정리 전

구획 정리 후

스케일 메리트와 스몰 메리트

사업을 할 때 놓칠 수 없는 것이 당연히 자본금의 크기에 따른 이익 효과이다.

자본금의 크기에 따른 효과는 매우 단순하다. 예를 들어, 자동차 회사를 만들려면 공장을 포함하여 수조 원의 거액이 필요하기 때문에 결과적으로 전 세계에 수십 개의 경쟁사로 상대가 한정된다.

즉, 필요한 자본의 크기가 크면 클수록 시장에 참가할 수 있는 플레이어가 한정되어 경쟁 상대의 수가 줄어드는 것이다.

또한, 제조업에서는 많은 경우 투하 자본량에 따라 공장의 효율화가 어느 정도 결정된다. 즉, 자본의 양이 결정적인 경쟁우위 요인이 되는 경우가 많은 것이다.

단순하게 설명하면 이것이 스케일 메리트이다.

반면, 스케일 메리트와 반대되는 스몰 메리트라는 것도 존재한다.

예를 들어, 헤드헌팅 에이전트[12]의 경우 1명의 능력 있는 헤드헌팅 에이전트가 수수료 2,000만 원×20명으로 연간 4억 원의 매출을 올리는 것이 가능하다. 이 에이전트가 사무실을 만들지 않고 자택을 사무실 삼아 비즈니스를 진행한다면 4억 원이 고스란히 자신의 주머니에 들어가게 되는 것이다.

하지만 해당 에이전트가 비즈니스를 조직화하여 사무실을 만들겠다면, 대게 고용하게 되는 에이전트는 본인보다 능

12 고급 인력을 소개하는 헤드헌팅 에이전트의 경우 이직자 연봉의 20~30%를 헤드헌팅 수수료로 책정하는 것이 일반적이다. 헤드헌팅 대상자의 수배부터 기업 소개까지 개인의 능력에 의존하는 부분이 많기 때문에 대형 에이전시에서 경험을 쌓고 독립하는 경우가 많은 업종이다.

력이 떨어지는 에이전트일 것이다. 당연히 인건비 외에 에이전트 교육에 소요되는 비용과 시간, 사무실 임대료, 비품 비용 등이 증가하게 되고, 기본적으로 이익률은 체감하는 모멘텀이 작용한다.

즉, 개인의 능력으로 꾸려갈 수 있는 종류의 비즈니스[13]의 경우 능력 있는 플레이어가 혼자서 1인 사업자로 영업을 하는 것이 가장 효율이 높은 것이다. 이것이 스몰 메리트이다.

벤쳐기업을 시작할 때나 장사를 시작할 때, 당신이 금수저가 아니라면 기본적으로 자본이 거의 제로인 상태에서 출발한다.

이 경우 스케일 메리트가 아닌 스몰 메리트가 작용하는 비즈니스를 하는 것이 원칙이다.

---

13 보험 영업이나 헤드헌팅 에이전트 등 ①개인으로 영업할 수 있으며 ②판매하는 상품을 무료 혹은 후불로 구입할 수 있고 ③한 건당 계약 단가가 높은 비즈니스는 그 특성상 능력을 갖춘 개인이 독립하는 형태로 성공하는 경우가 많은 비즈니스이다.

고급품이라는 이미지를 이용하자

초밥 또한 '나누면 비싸지는' 상품으로 볼 수 있다.

초밥을 단순하게 생각하면 '생선 한 조각+소량의 밥'인 덩어리일 뿐이지만 고급 초밥집의 경우 초밥 하나에 1만 원인 경우도 드물지 않다.

또한, 회전초밥 "한 접시에 1,000원부터"라고 하면 저렴하게 느껴지지만, 애초에 '생선 한 조각+소량의 밥' 덩어리의 가격으로는 오히려 비싼 편이다.

그런데 "왜 초밥은 비쌀까?"에 대해 생각해보면, '초밥을 연구하는데 시간이 많이 걸린다'거나 '전문 기술이 필요하다' 등의 해석이 가능하지만 사실 이것은 환상인 것처럼 느껴진다.

초밥을 '생선 한 조각+소량의 밥'으로 정의할 것인가 '장인의 정성이 들어간 고급 음식'으로 정의할 것인가라는 전제 조건에서 초밥집은 고급 음식으로 높은 가격을 받는 데 성공하고 있는 셈이다.

냉정하게 생각해보자. 예를 들어, 일본 라멘집의 경우 육수를 준비하는 데 10시간의 노력을 들이는 라멘집이 많이 있을 것이고, 면을 삶는 정도의 조절이나 육수의 진함을 세세하게 조정하는 기술에 의해서 맛이 좌우될 것이다.

하지만 "초밥집에 가면 10만 원 정도는 들 것이다", "라멘집이라면 1만 원 정도에 먹고 싶다" 같이 그 상품 카테고리 고유의 이미지가 형성되어 있고, 그에 맞춰 가격대가 정해져 있는 것이 현실이다.

즉, 상품에 지불하는 금액이라고 하는 것은 전제가 되는 상품 카테고리의 이미지에 상당히 좌우되기 때문에, 실제 상품의 가치를 상세하게 검토하고 구입하는 사람은 거의 없다는 것이다.

반대로 말하면, 새로운 비즈니스를 시작하는데 있어서 "고급품으로 여겨지는 카테고리에 요령껏 진입한다"라는 수법은 지극히 유효할 것이다.
구체적인 예를 들자면, 분명히 매립지인데도 불구하고 '긴자히가지(銀座東, 긴자 동쪽)'라고 지칭하는 아파트나, 객관적으로 보면 회전율을 높이기 위해 서서 먹는 식당에 불과한데도 '캐주얼 프렌치 레스토랑'이라고 지칭하는 식당이 대표적인 사례이다.
물론 정확하게 이러한 이유 때문이라고는 말할 수는 없겠지만, 그래도 '매립지', '스탠딩 레스토랑'이라고 말하는 것보다 '긴자히가시', '캐주얼 프렌치 레스토랑'이라고 지칭했을 때 20~30%의 프리미엄이 실리는 것이 실상일 것이다.

여기서 배운 '비즈니스 불변의 법칙'

- 한꺼번에 파는지, 나누어 파는지를 지켜봐라!

- 자본이 없다면 스몰 메리트 비즈니스를 활용하라!

- '기존 이미지'를 유용하게 사용하라!

비즈니스 불변의 법칙

04

1:N 구조를 만들어라

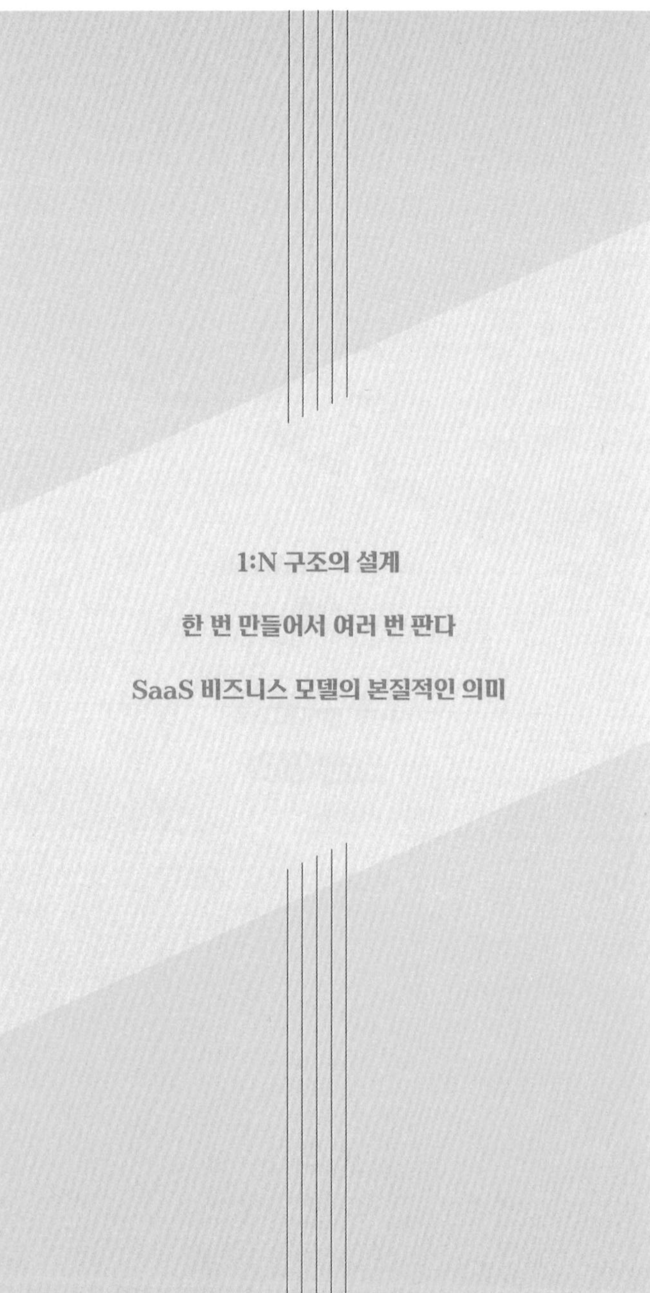
1:N 구조의 설계
한 번 만들어서 여러 번 판다
SaaS 비즈니스 모델의 본질적인 의미

1:N 구조의 설계

'토신하이스쿨'이라는 입시학원이 있다. 순다이, 카와이주쿠, 요제미 등 3대 입시학원 체재에 '비디오 온 디맨드 수업'이라는 방식으로 도전하여 단숨에 자리를 잡은 입시학원이다.
학원 또는 입시학원이라는 업종을 생각할 때, 우리는 보통 세 종류의 방식을 생각할 수 있다. 즉, 개별 지도, 집단 수업, 영상 수업이다.

비즈니스를 할 때, 판매가격이 일정하다고 가정하면 매입가격은 가급적 싼 것이 좋다. 학원이라는 업종을 고려하면 개별 지도는 학생 1인당 한 사람의 선생님, 즉 고객 1명을 위해 선생님 1명이 필요하다.

그런데 집단 수업이라면 학생 20명에 1명의 선생님이 필요하고, 영상 수업이라면 1명의 선생님이 무한대의 학생을 얼마든지 가르칠 수 있게 된다.

즉, 제공가치가 동일하다고 가정을 한다면 고객 N명에 대해 매입 1회의 구조를 만들고, 그 N의 숫자가 클수록 원가율을 낮추는 것이 가능해지는 것이다.

한 번 만들어서 여러 번 판다

전통적인 장사, 예를 들어 요식업의 경우 요리를 한 번 만들어서 판매하면 당연히 두 번 다시 팔 수 없다. 하지만 책을 생각해보면 한 번 쓴 책은 인쇄함으로써 몇천, 몇만 권과 같이 판매할 수 있다.
즉, 한 번 만든 것을 여러 번 팔 수 있는 것이다.

비즈니스에 있어서 1:N 구조는 책이나 CD와 같은 물질적 매체 혹은 물질적 매체를 통하지 않고 인터넷으로 전송함으로써 폭발적으로 N의 숫자를 늘릴 수 있다.
인터넷이 비즈니스와 관련하여 가져온 가장 큰 영향은 본질적으로 유통혁명으로 1:N 구조를 쉽게 만들 수 있게 된 것이라고 생각한다.

한 번 만든 것을 여러 번 제공할 수 있는 N의 수가 압도적으로 늘어남에 따라 성공한 서비스의 폭발력이 인터넷 이전과는 확실하게 바뀐 것이 본질적인 게임 체인저인 것이다.

SaaS 비즈니스 모델의 본질적인 의미

현재 벤처업계에서 높은 평가를 받고 있는 비즈니스 모델로 SaaS[Software as a Service14]가 있다.

SaaS 비즈니스 모델의 freee(클라우드 기반 회계 소프트웨어)나 SmartHR(클라우드 기반 인사·노무 소프트웨어) 등은 과거부터 존재하던 대형시장에서 기존의 판도를 바꿔버리고 있으며, 관련 기업들은 주식시장에서 높은 평가를 받고 있다.

---

14 'Software as a Service'의 약자. 지금까지 패키지형으로 제공되던 소프트웨어를 인터넷상에서 간편하게 이용할 수 있도록 한 서비스. 예를 들어 회계 소프트웨어라면 기존에도 패키지 소프트웨어가 존재했지만, freee는 인터넷상에서 무료로 계정을 생성할 수 있게하여 회계 소프트웨어 도입의 문턱을 낮추는 데 성공했다.

SaaS란 간단히 설명하면 지금까지 판매형 또는 독자 개발로 제공해 온 소프트웨어(예를 들면 회계 프로그램 등)를 범용화하여 클라우드 기반으로 제공함으로써 저렴한 가격으로 광범위한 대상에게 소프트웨어를 제공할 수 있도록 한 비즈니스라고 정의할 수 있을 것이다.

예를 들어, 대표적인 SaaS인 Freee의 경우 과거 라이센스형 회계 소프트웨어가 고가에 도입 장벽이 높다는 단점을 개선하여 사원 수가 적은 중소기업에서도 손쉽게 도입할 수 있도록 만든 서비스이다.

또한, SaaS가 주식시장에서 높은 평가를 받는 이유는 다음과 같다.

① 월별 요금제를 적용하기 때문에 미래 수익을 예측하기 쉽고 LTV>CAC가 성립하고 있음을 설명하기 쉽기 때문에 투자자들이 투자하기 쉽다.

② 1:N 구조가 성립되어 있기 때문에 손익분기점을 돌파한 이후의 매출은 대부분이 그대로 이익이 된다(때문에 규모의 경제 효과를 취할 수 있어 높은 이익률이 나온다).

③ 도입한 기업의 업무 프로세스에 포함되기 때문에 해지가 쉽지 않다.

다만, 지금까지의 글을 읽고 "좋아, SaaS를 하면 나도 대성공이야!"라고 생각하는 사람이 있다면, 비즈니스에 소질이 있다고 말하기 어려울 것이다.
실제로 SaaS는 전망이 밝은 만큼 이미 해당 시장은 과당경쟁이 이루어지고 있으며, 앞으로는 성공에 대한 가능성이 보이는 한정된 서비스에 집중 투자가 이루어지는 국면이 될 것이다.

중요한 것은 위에서 언급한 세 가지 성공 요인을 다른 비즈니스에 적용할 수 없을지를 생각해보는 것이다.

예를 들어, SaaS처럼 업무 프로세스에 포함되는 것은 아니지만 유료 온라인 커뮤니티도 ①과 ②의 조건이 충족되어 실제로 억대의 매출이 나오는 것으로 추정되는 커뮤니티가 나오고 있으며, 일부 커뮤니티의 경우 벤처캐피탈의 투자 대상이 되기도 했다. 향후에는 연예인이나 유명인을 브랜드로 내세운 '호보니치[15]'형 기업이 더 많이 나올 것으로 예상된다.

이미 성공하고 있는 비즈니스 모델의 겉모습만을 따라하는 것이 아니라 완전히 다른 영역으로 여겨지는 비즈니스 모델에 대해 "사실 같은 것 아닌가?"라고 생각하고, 실제로 형태를 만들어 나가는 것이 중요하다.

15 원래는 카피라이터인 이토이 시게사토의 개인 웹사이트에서 출발한 기업이지만 '거의 매일 수첩' 등 직접 디자인하고 생산한 상품을 대히트시키면서 주식회사로 전환 2017년 자스닥(JASDAQ)에 상장했다.

여기서 배운 '비즈니스 불변의 법칙'

- 한번 만든 것을 N번 팔아라!
- 비즈니스 모델을 베끼는 것이 아니라 비즈니스 구조를 만들어라!

비즈니스 불변의 법칙

05

양쪽으로부터
돈을 받아라

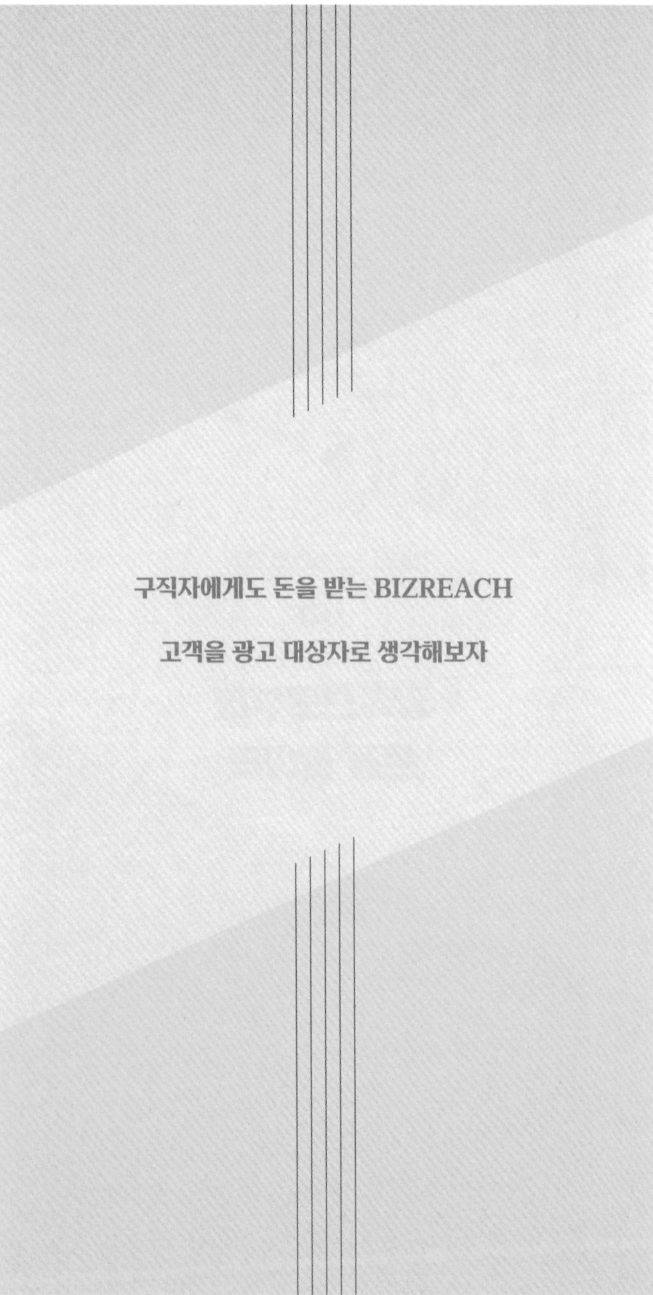

구직자에게도 돈을 받는 BIZREACH

고객을 광고 대상자로 생각해보자

구직자에게도 돈을 받는 BIZREACH

고연봉자 이직 전문으로 이제는 완전히 관련 업계의 대기업으로 정착한 감이 있는 ‘비즈리치BIZREACH’지만, 애초의 비즈니스 모델은 ‘이직하고 싶은 사람’에게도 돈을 지불하게 하는 꽤 새로운 방식의 비즈니스였다.

그 이유는 헤드헌팅 업계가 이직자 연봉의 20~30% 정도를 수수료로 받을 수 있는 나름대로 이익률이 높은 비즈니스였기에 굳이 새로운 수익원을 개발할 필요가 없었기 때문이다.

그러나 기존 헤드헌팅 업계의 비즈니스 모델은 기업 측이 수수료를 지불함으로써 구직자가 원하는 기업이 아니라 수수료 지급이 좋은 기업으로 구직자를 유도해 버린다는 문제가 있었다.

비즈리치는 구직자에게 돈을 지불하게 함으로써 '진정으로 구직자를 위하는 기업 소개'가 가능해진다는 장치를 가지고 이미 성숙시장으로 자리 잡은 헤드헌팅 업계를 파고든 셈이다.
또한, 기업 측에서 보더라도 구직자들이 "돈을 지불하고도 이직을 하고 싶다"는 것은 '이직을 진심으로 생각하는 구직자들이 모여 있다', '경력 관리를 위해 돈을 내도 된다고 생각하는 우수 인력들이 모여 있다' 등의 장점이 있었다.

이야기가 살짝 벗어나지만 "돈을 지불하게 함으로써 동기부여를 압박한다"라는 새로운 비즈니스 모델로 성공한 피

---

16 "결과로 보여주겠다!"라는 캐치프레이즈를 내걸고 독자적인 트레이닝 방법을 제공하는 피트니스 센터. 2개월에 350만 원이라는 높은 가격을 요구하지만, 목표했던 결과가 나오지 않는다면 전액 환불을 해주는 방식을 취하고 있다.

트니스 클럽 '라이잡RIZAP[16]'도 마찬가지이다. 적은 돈을 지불하는 손님보다는 많은 돈을 지불하는 손님만을 상대하는 편이, 결국 고객의 동기부여가 강하기 때문에 성과가 나는 구조로 일반화할 수 있기 때문이다.

비즈리치는 기업 측에서도 수수료를 받기 때문에 기존 헤드헌팅 업체의 '기업에게 수수료를 받는다'라는 수익원 외 '구직자에게도 수수료를 받는다'라는 추가 수익원을 만들어 낼 수 있었다.
이처럼 '양손으로 돈을 받는' 비즈니스 모델을 생각함으로써 이미 성숙시장으로 자리를 잡은 업종에서도 새로운 기회를 찾을 수 있는 가능성이 있다.

고객을 광고 대상자로 생각해보자

택시를 타면 눈에 꼭 띄는 것이 동영상 광고이다. 손님 입장에서 보면 기분이 좋지 않아, 나도 택시에 타면 즉시 광고를 끄려고 하지만 광고 매체로 봤을 때 택시의 가치는 매우 높다.

왜냐하면 광고 매체의 가치는 "시청자의 세그먼트가 특정되어 있는가?", "시청 횟수를 측정할 수 있는가?"에 따라 비약적으로 높아지기 때문이다.

만약, 같은 광고를 시부야역 거리에 게재했다고 해도, 그 광고를 시청하는 사람은 시부야역에 놀러 온 여고생부터 샐러리맨까지 다양하다.

반면, 택시 이용자는 이동을 위해 택시를 타고 있는 셈이어서 가처분소득이 나름대로 있는 직장인 위주라는 추정이 가능하고, 그 세그먼트에 맞춘 광고를 집행할 수 있다.

같은 이치로 광고 매체로서의 가치가 비교적 높은 것이 신용카드 플래티넘 카드 회원을 대상으로 하는 다이렉트 메일이다. 플래티넘 카드 회원 역시 가입 시에 일정 조건을 충족해야 하고 또한 신용의 연체 등의 금융정보도 관리되고 있기 때문이다.

택시도 신용카드도 근본적으로 이용자가 고객인 비즈니스이다. 그러나 일정 수 이상의 이용자가 나오면 그 서비스 자체가 광고 매체로서의 가치를 갖게 된다.
이렇게 생각하고 있으면 새롭게 만들어낼 수 있는 비즈니스의 변형은 의외로 많을 것이라고 생각된다.

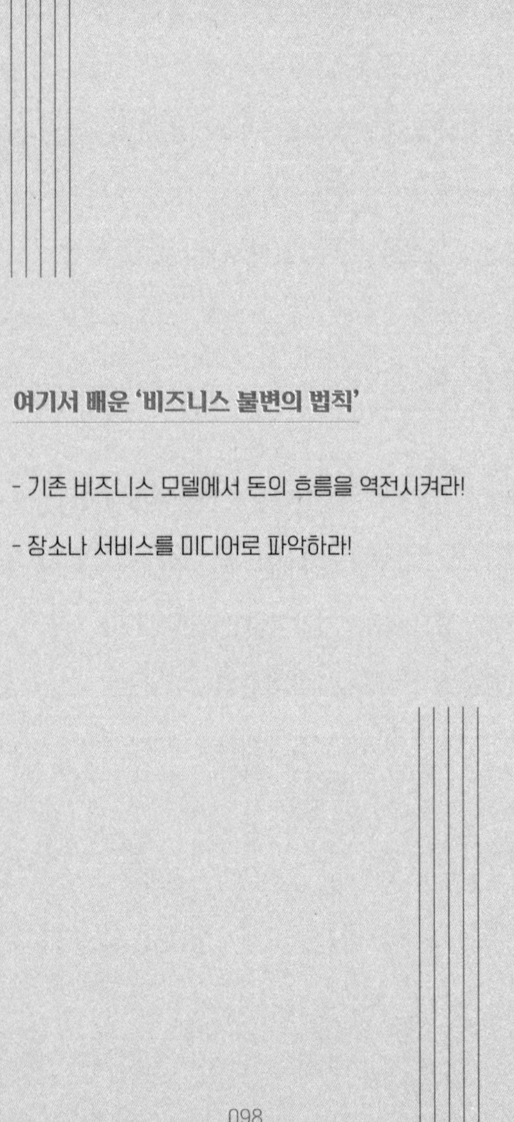

여기서 배운 '비즈니스 불변의 법칙'

- 기존 비즈니스 모델에서 돈의 흐름을 역전시켜라!

- 장소나 서비스를 미디어로 파악하라!

비즈니스 불변의 법칙

06

합법적으로 마약을 팔아라

마약 판매는 국가의 독점적인 수익원이다

크레이프, 버블티, 팬케이크

몰래 설탕을 먹여라

마약 판매는 국가의 독점적인 수익원이다

여러분은 도쿄 스미다구에 있는 '담배와 소금 박물관'에 대해 알고 있는가?

내가 어렸을 적에는 아이의 마음에서 "왜 담배와 소금일까?" 하고 의문이 들곤 했다. 답은 담배와 소금은 모두 과거부터 국가가 '전매공사'를 통해 독점적으로 판매하고 있다는 공통점에 있었다.

또한, 대표적인 합법 마약인 술도 국가에서 주세를 부과하고 있다.

'소금'은 생필품인 동시에 염분이 높은 식사는 중독성을 가지고 있다. 또한, 담배와 술은 합법이지만 틀림없는 마약이다.

중독성이 있는 기호품의 판매업이라고 하는 것은 원칙적으로 돈을 많이 벌기 때문에 국가가 집중 관리를 실시하는 대상이 되었다는 것이다.

그러나 우리가 알아야 할 핵심은 “중독성이 있는 기호품을 판다”라는 것이 많은 돈을 벌 수 있는 비즈니스라는 사실이다.

크레이프,
버블티, 팬케이크

그런데 '중독성 있는 기호품'이라는 말을 듣고 떠오르는 것이 술, 담배, 대마초, 각성제 등이라는 점이 문제다.

이중 앞의 두 개는 세금을 통해 국가가 이익을 거두어 가는 구조로 되어 있고, 뒤의 두 개는 일부 범죄조직이 폭발적인 수익을 거두고 있지만 단적으로 불법이기 때문에 유감스럽게도 손을 댈 수 있는 비즈니스가 아니다.

그렇게 보면 새롭게 진입할 수 있는 중독성 있는 상품은 저절로 결정된다.

그중에서도 특히, '설탕, 밀가루, 지방' 이 세 가지 백색 가루는 원가율이 매우 낮고, 한 번 맛보게 되면 소비자가 같은 가게에 조건부로 재방문 확률이 높아지는 상품이기도

하다.

따라서 멋진 분위기를 연출하고 백색 가루를 손님의 입에 쏟아부을 수만 있다면, 그것만으로 성공하는 비즈니스가 되어 돈을 벌 수 있다고 해도 과언이 아니다.

크레이프 가게, 버블티 가게, 팬케이크 가게가 결국 '마케팅 드리븐 비즈니스[17]'인 것도 우연이 아니다.

요점은 고객 획득만 할 수 있다면 돈을 벌 수 있으므로, 결과적으로 CAC에 어느 정도 비용을 들여서라도 고객을 획득할 가치가 있는 비즈니스라고 말할 수 있다.

---

17 "매출-원가-판관비=이익"이라는 전제를 감안할 때, 원가가 낮은 비즈니스일수록 판관비에 할애할 수 있는 예산은 큰 셈이다. 따라서, 인터넷에서 팔리고 있는 알 수 없는 건강보조식품과 같이 원가가 극단적으로 낮은 비즈니스도 낮은 원가와는 반대로 마케팅에 의한 고객 빼앗기, 많은 광고비를 들이는 과열 경쟁 등의 양상을 보이는 경우가 많다.

그림 07 버블티 유행과 불황의 관계

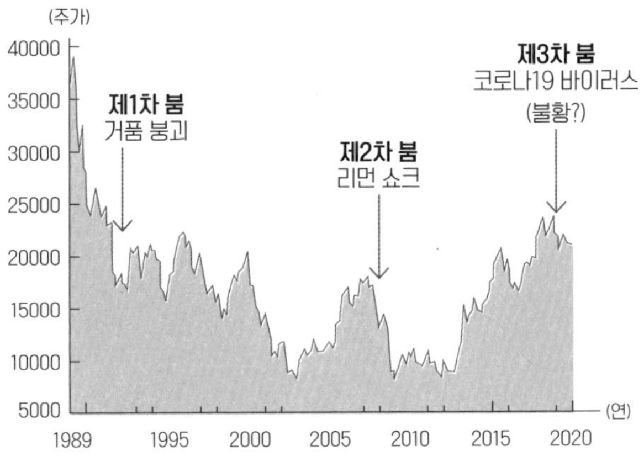

여담이지만, 버블티 유행이 일어난 후에는 버블 붕괴, 리먼 쇼크와 같은 불황을 겪고 있다(그림 07).

이는 경제호황의 막바지에 다다르면 급여 상승과 주가 상승이 일어나고 경제호황의 낙수효과로 여고생의 용돈까지 증가해 밀크티 판매량이 늘어나는 현상과 연관 지을 수 있다. "구두닦이 소년이 주식 이야기를 시작하면 매도하라"라는 교훈과 비슷한 이야기라고 할 수 있을 것이다.

몰래 설탕을 먹여라

어쨌든 백색 가루를 고객이 맛보게 하면 돈을 벌 수 있다는 사실은 알게 되었지만, “저희 가게는 설탕을 많이 써요”라고 마케팅을 할 수는 없을 것이다. 그렇게 했다가는 아무도 그것을 먹고 싶어 하지 않을 것이기 때문이다.

사업가인 당신이 생각해야 할 것은 “어떻게 몰래 설탕을 먹일 것인가?”라는 질문이다.

예를 들어, 초밥을 생각해보자. 과거의 전통을 이어가고 있는 긴자의 초밥집 등에 비해 새롭게 떠오르는 신흥계 초밥집의 경우 샤리가 꽤 달다.

초밥 샤리에 설탕을 꽤 많이 섞는 가게들이 많다는 것을 알 수 있지만, 초밥을 먹다 보면 ‘설탕을 먹고 있다’라는 사실을 깨닫는 손님은 거의 없기 때문에 그저 '초밥이 맛있다' 라는 감상만 품고 재방문을 하게 되는 것이다.

음식점을 생각하면 맛과 분위기 등 종합적인 내용에 의해 성패가 결정되는 비즈니스라고 생각하기 쉽다. 실제로 그러한 측면도 있다.

하지만, 의외로 인간의 본능을 역산하면 본능적으로 뇌를 자극하는 설탕, 탄수화물, 지방을 많이 사용하고, 그 세 가지 물질을 초밥처럼 '어떤 변명 혹은 건강한 이미지까지 붙여' 먹게 함으로써 동물적 본능을 자극해 재방문시키는 게임이라고 해석하는 편이 비즈니스의 관점에서 합리적일 것이다.

여기서 배운 '비즈니스 불변의 법칙'

- 설탕을 많이 넣어라!
- 중독성 있는 기호품을 문맥에 실어 팔아라!

비즈니스 불변의 법칙

07

확률을 계산하라

사행심을 자극한다

손실회피성을 이용한다

사행심을 자극한다

앞서 언급했듯이 국가가 독점하고 있는 비즈니스는 대개 수익성이 높다.
술, 담배는 말할 필요도 없고 마찬가지로 국가의 중요한 수익원이 되고 있는 것이 복권, 경마, 경륜 같은 공영 도박이다.
도박은 사행심을 자극함으로써 고객을 반복적으로 게임에 참여시키는 성질이 있어 LTV가 매우 높은 비즈니스다.
또한, 중독성이 매우 높다는 점에서 "합법적으로 마약을 팔아라"에도 포함될 수 있다.

하지만 영화에서 나오는 장면을 떠올리면 알 수 있듯이 도박장은 각종 문제의 발생원으로 원칙적으로 클레임이 발생하기 쉽다. 예전에는 지역 깡패들이 이런 도박장을 운영하였고, 지금도 범죄조직들이 불법 카지노를 운영해 큰 수익을 올리는 것으로 알려져 있다.

도박장은 합법과 불법을 막론하고 폭력이라는 배경이 필요하고, 국가의 중요한 수익원으로 운영되는 공영 도박은 사업가에 불과한 우리가 손을 댈 수가 없다.

그러나 도박적인 메커니즘을 이용해서 돈을 버는 것은 가능하다.

예를 들어, 포켓몬빵 같은 것을 생각하면 빵 자체는 덤에 불과하고 좋은 스티커를 모으고 싶은 사행심을 자극하는 도박에 가까운 성질의 비즈니스라고 말할 수 있을 것이다.

또한, '유희왕 카드'와 같은 카드 게임들도 어렸을 때는 열중했지만, 냉정하게 생각해보면 종이에 인쇄한 것에 불과한 것이 수천 원에서 수만 원에 거래되고 있어 거의 지폐를 인쇄하는 것에 더 가까운 비즈니스라고 할 수 있다.

게다가 그 구조를 극단적으로 활용한 것이 소셜게임의 확률형 아이템이다. 소셜게임의 수익원이 일부 확률형 아이템의 중과금자에 의해 지탱되고 있다는 사실은 이를 증명한다.

한때 유행했던 FX마진거래도 사행심을 자극하는 대표적인 비즈니스로 사회 문제가 된 결과 증거금 레버리지 규제가 이뤄졌던 기억이 새롭다.

지금까지 언급했던 비즈니스는 모두 수익성이 매우 높은 사업이며, 사업 성공의 요인은 모두 합법의 범위 안에서 사행심을 잘 자극했다는 데 있다.

손실회피성을 이용한다

경제합리성이 있는 선택밖에 하지 않는 인간(호모 이코노믹스)을 상정한 기존의 경제학과 달리, 인간의 실제 행동심리 등을 포함한 형태의 경제활동을 분석하려는 접근이 행동경제학이다. 그 행동경제학에서 유명한 이론으로 '프로스펙트 이론'(그림 08)이 있다.
프로스펙트 이론에 따르면 인간은 '손실회피성'을 가지고 있다고 한다. 단적으로 말해 "이득을 보고 싶다"라는 마음보다 "손해를 보고 싶지 않다" 마음이 더 강하기 때문에 그 선호에 따라 행동을 결정한다는 것이다.

이러한 특징을 잘 이용한 비즈니스가 '보험'이다. 보험은 일반적으로 생각하면 금융상품으로서 보험회사가 돈을 벌

그림 08 프로스펙트 이론 = 손실회피성의 이용

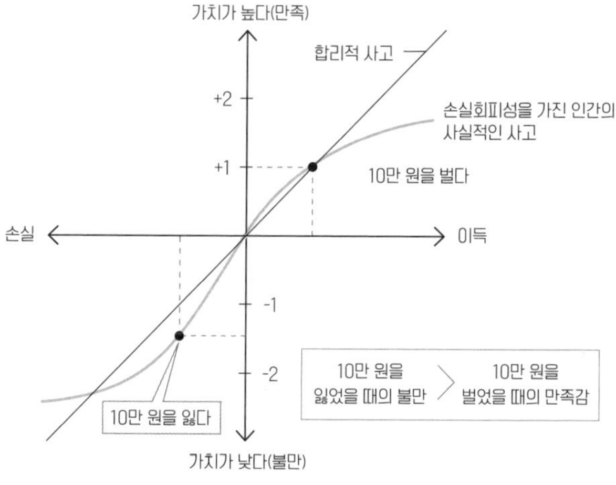

수 있도록 설계되어 있다. 따라서 합리적인 소비자라면 보험 가입에 부정적이어야 한다.
하지만 보험회사는 "암에 걸리면 어떻게 하지"와 같이 알기 쉬운 테일리스크[18]를 자극하여 보험 영업을 하고 있다.

손실회피성을 이용하고 있는 비즈니스로는 고가의 스마트폰 등을 판매할 때 추가 금액을 지불하면 보증을 1년 연장하는 패키지 등도 있다. 이 패키지도 결국 제조사 측에 유리하도록 설계되어 있는 것은 말할 필요도 없지만 "고가의 스마트폰이 깨지면 어쩌지"와 같은 강한 손실회피성을 자극하여 고객을 획득하고 있는 것이다.

손실회피성의 이용은 결국 사행심의 자극과 같은 이야기가 된다.

---

18 발생할 확률은 낮지만 발생하면 막대한 손실이 발생하는 성질의 이벤트.

결국, 인간은 확률의 기대치를 정확하게 계산하기 어렵기 때문에 확률보다 큰 기대를 하거나 확률보다 큰 걱정을 하는 것이다. 또한, 삶 자체도 기대치적으로 진행되는 것은 아니기 때문에 아무래도 특정 시나리오의 이미지에 끌려가게 된다.

그 이미지를 이용하여 돈을 버는 대표적인 방법이 '사행심의 자극'과 '손실회피성의 이용'인 셈이다.

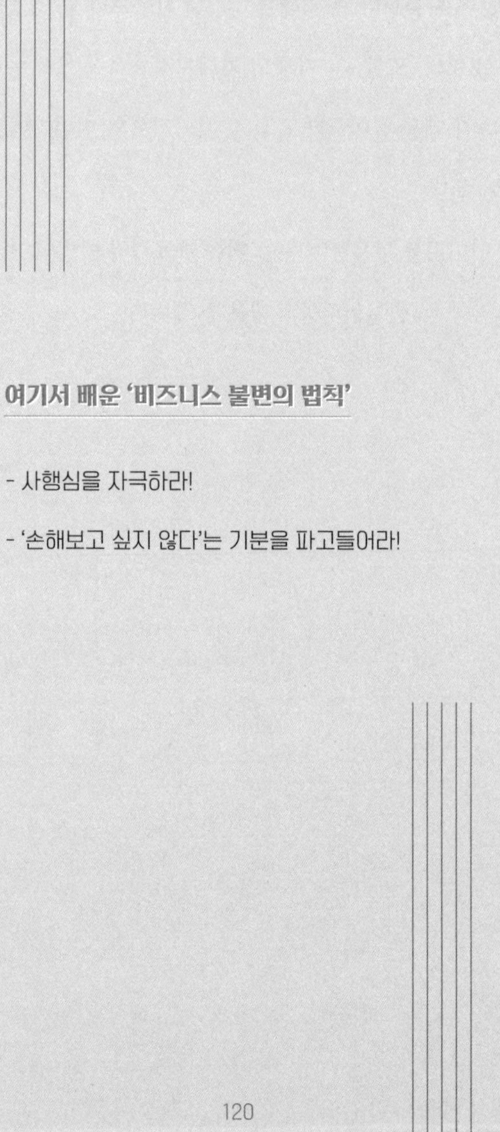

여기서 배운 '비즈니스 불변의 법칙'

- 사행심을 자극하라!

- '손해보고 싶지 않다'는 기분을 파고들어라!

비즈니스 불변의 법칙

08

공기를 팔아라

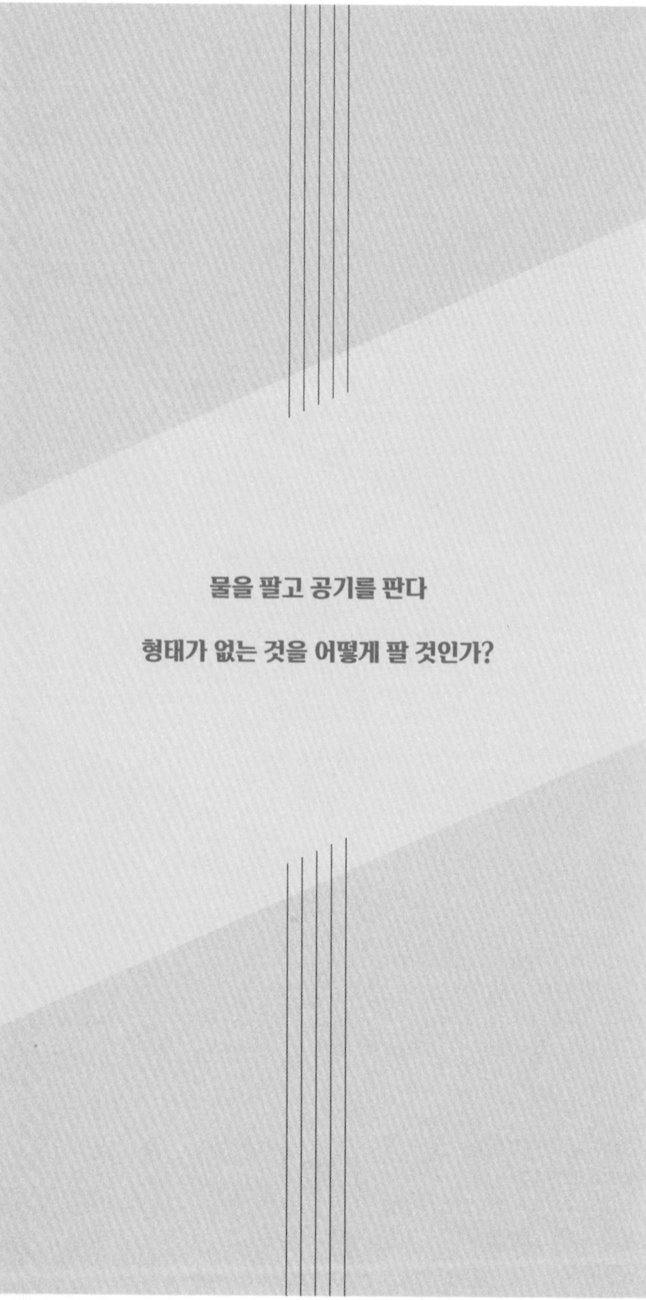

물을 팔고 공기를 판다

형태가 없는 것을 어떻게 팔 것인가?

물을 팔고 공기를 판다

이익률이 높은 장사로 자주 꼽히는 것이 '물장사'이다. 물장사는 본질적으로 이성에게 접객하는 서비스를 제공가치로 삼고 있지만, 요금의 내용을 살펴보면 주요 비용은 입장료 외에도 어처구니 없이 고액의 물이나 술 등이다.

이는 "인간은 형태가 없는 것보다 형태가 있는 것에 돈을 지불하기 쉽다"라는 심리적 기능을 이용한 것으로 보인다.

긴자의 고급 클럽 등에서는 물 한 병의 가격이 2만 원을 넘는 경우도 드물지 않고, 그 점만 본다면 엄청나게 높은 이익률을 보이는 것은 틀림이 없다. 또한, 신흥 종교 등에서 판매하는 가장 유명한 상품으로 '교주의 힘이 담긴 물'을 들 수 있다.

물은 생필품이기도 하기 때문에 지속적으로 수익을 올리기 쉽다는 장점도 있으며, 따라서 정수기 등을 판매하여 성공한 회사들도 많이 있다.

그런데 "물을 판다"와 비슷하거나, 오히려 그 이상으로 이익률이 높은 장사가 "공기를 판다"이다.

일본 거품경제의 상징과도 같은 '줄리아나 도쿄[19]'의 창업자인 오리구치 마사히로는 그의 저서에서 '디스코 클럽 사업의 센터핀(성공의 가장 중요한 포인트)'으로 "사람이 모여 있다", "사람이 모여 있기 때문에 더 많은 사람들이 모인다", 디스코 클럽은 공간에 들어가는 것뿐인, 즉 공기를 파는 것이기 때문에 손익분기점을 넘기면 입장료는 모두 이익이 된다(그림 09)는 취지를 말하고 있다.

---

19 도쿄 미나토구 시바우라에 1991년부터 1994년까지 있었던 디스코 클럽. 빈 창고를 디스코 클럽으로 변경하여 대성공했다. 오리구치 씨는 경영권 분쟁에서 패해 디스코의 대성공과 반대로 빚을 지고 경영에서 물러나게 됐다.

그림 09 디스코 클럽의 수익 구조

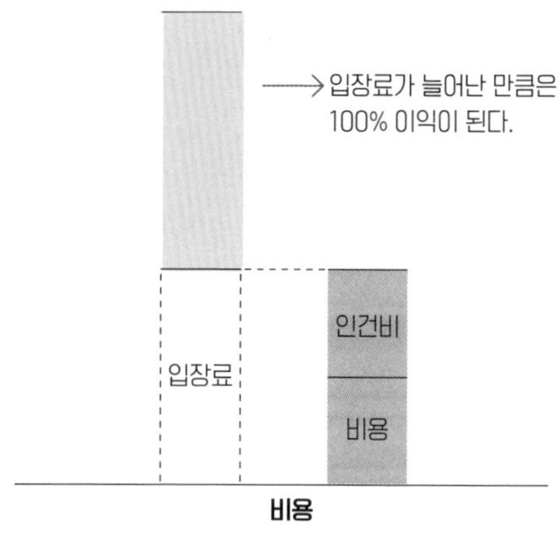

'입장료'와 같이 '공기를 파는 비즈니스'는 물보다 더 원가가 낮기 때문에 더 큰 기회가 있는 사업이 될 수 있다.

형태가 없는 것을 어떻게 팔 것인가?

물이나 공기와 마찬가지로 판매하는 상품의 형태가 없는 것을 이른바 '무형상품[20]'이라고 말한다.

무형상품의 대표적인 예로는 보험이나 펀드와 같은 금융 상품과 컨설팅업 등이 있다.
무형상품을 팔면 당연히 수익이 좋고, 보험과 같은 성과보수형 영업대리점은 보험의 LTV가 높기 때문에 독립을 해도 나름대로 성공할 수 있는 비즈니스 중 하나이다.

그렇다면 형태가 없는 무형상품은 어떻게 팔아야 할까?

---

20 금융상품이나 컨설팅 같은 형태가 없는 상품. 실물이 없기 때문에 고객에게 구매 의욕을 갖게 하는 것이 어려워 영업 역량이 요구되는 상품이기도 하다.

무형상품을 팔기 위한 포인트는 “유형상품으로 만든다”, “구매 후의 스토리를 상상하게 만든다”, “문제 해결로서 제안한다”의 세 가지이다.

“유형상품으로 만든다”는 예를 들어, 컨설팅업이라면 “1인당 월비용 얼마”라는 형태로 비용을 청구하는 것을 말한다. “구매 후의 이야기를 상상하게 만든다”는 학자금 보험을 예로 들면 “자녀가 사립초등학교에 진학한다면……” 등과 같은 인생 이야기를 나누고 그것을 상상하게 함으로써 구매로 연결시키는 방법이다.
“문제 해결로서 제안한다”는 것은 “노후 문제가 걱정된다면 연금펀드에 가입하는 것을 추천합니다”와 같이 문제를 상기시키고, 그 해결책으로 상품을 판매하는 방식이다.

영업 활동을 할 경우, 상품의 종류를 ‘유형↔무형’, ‘고가↔저가’를 기준으로 매트릭스(그림10)를 그려보면 당연히 ‘무

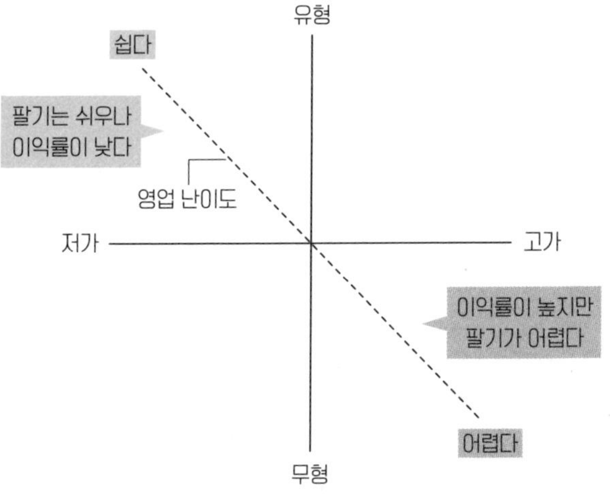

그림 10 상품의 매트릭스

형·고가'가 가장 영업이 어려운 만큼 가장 이익률이 높게 나오기 때문에 영업수수료도 높게 책정되는 경우가 많다. 따라서 사업을 할 때, 무형·고가의 상품을 공략함으로써 높은 이익률을 추구할 수 있다.

여기서 배운 '비즈니스 불변의 법칙'

- 원가가 낮은 유형상품에 가치를 매겨 팔아라!

- 무형·고가 상품의 영업을 공략하라!

비즈니스 불변의 법칙

09

의사결정에 개입하라

오오츠카가구의 실패 원인은 어디에 있었는가?

비합리적인 의사결정을 시킨다

온라인에서 팔 것인가?
오프라인에서 팔 것인가?

오오츠카가구의 실패 원인은 어디에 있었는가?

2015년 이후 전대미문의 '부녀 경영권 다툼'이 계속되면서 기업실적의 악화와 함께 기업가치가 크게 훼손된 '오오츠카가구'.
후계 사장이 된 창업자 오오츠카 가쓰히사의 장녀 오오츠카 쿠미코가 지향한 비즈니스 모델의 변화는 간단하게 고가격대에서 중가격대로의 변경과 회원제의 폐지였다.

나도 어렸을 적에 부모님을 따라 오오츠카가구의 매장에 가서 부모님이 몇백만 원짜리 가구를 사는 모습을 지켜본 적이 있다. 당시 오오츠카가구의 영업은 판매원이 처음부터 끝까지 고객의 옆을 지키면서 오오츠카가구가 얼마나 훌륭한지 설명하는 구조였다.

즉, 오오츠카가구의 강점은 다음과 같은 비즈니스 모델에 있었다.

· 회원제에 의한 프리미엄 제공

· 회원제를 전제로 한 밀착 영업

· 결과적으로 높은 가격대의 가구를 판매

결국 오오츠카가구는 일반 가구점이라고 하기보다는 '고급 제품의 판매업'이라고 하는 편이 더 적절한 비즈니스 모델이었던 셈이다.
오오츠카 쿠미코 씨는 히토쓰바시대학 경제학부를 졸업하고 은행에서 근무한 우수한 재원으로 생각되지만, 본질적인 의미에서 오오츠카가구의 비즈니스 모델에 대한 이해가 있었는지는 의문이다.

비합리적인 의사결정을 시킨다

비즈니스 관련 서적을 보면 "상대방에게 이득을 주면 나도 이득을 본다"라는 설명을 흔히 볼 수 있다. 이는 한편 진실이기도 하지만, 어떻게 보면 겉치레만 좋은 이야기 같다는 생각이 든다.

그 이유는 영업의 측면에서 볼 때, 같은 상품 예를 들어 신축 단독주택을 6억 원에 팔지 7억 원에 팔지에 따라 차액 1억 원이 회사의 이득이 될지 고객의 이득이 될지 결정되는 제로섬 게임이 되기 때문이다.

즉, 개별 영업 상황을 가정했을 때 가급적 상대방에게 비합리적인 의사결정을 시키는 것이 당연히 회사가 돈을 많이 벌 수 있는 유리한 상황이 된다.

특히, 거래의 일회성이 강한 비즈니스라면 재구매가 예상되지 않기 때문에 한 고객으로부터 최대한 많은 이익을 얻는 방향으로 비즈니스를 전개하는 것이 중요하다.

또한, 비합리적인 의사결정을 한다고 해서 고객만족도가 떨어지냐면 사실 그렇지도 않다. 주택을 구입하는 경우라면, 주택을 구입하는 이유나 영업사원을 신뢰할 수 있는가 하는 정성적인 요인들이 고객의 만족도에 기여하는 부분이 크다고 생각되기 때문이다.

온라인에서 팔 것인가?
오프라인에서 팔 것인가?

이 '비합리적인 의사결정을 시키는' 비즈니스의 대표적인 예가 '내방형 보험 대리점'이다. 참고로 '내방형 보험 대리점'의 대표인 '호켄노마도구치그룹'과 온라인 보험의 대표격인 '라이프넷생명보험[21]'을 비교해 보자(그림 11).

---

21 라이프넷생명보험은 여전히 적자를 보이고 있지만 신생 보험회사는 고객 획득 비용의 비율이 높아지기(전체 계약자에서 차지하는 신규 계약자의 비율이 높다) 때문에 단기간의 손익만으로 비교하는 것은 적절하지 않다. 또한, 당초 인터넷에서 고객을 모집하겠다는 전략에서 KDDI와의 제휴를 통해 KDDI가 보유한 고객을 기반으로 신규 고객을 모집하는 등 고객 획득 채널을 넓히고 있어 기존의 전략만을 고집하지 않고 착실하게 성장하고 있다고 판단된다. 다만 창업 초기부터 높은 수익률이 예상되는 사업이 아니고, 창업자금으로 천문학적인 액수가 필요한 사업이기 때문에 개인이 고려할 비즈니스 모델이라고 할 수 없을 것이다.

그림 11 호켄노마도구치그룹과 라이프넷생명보험의 비교

호켄노마도구치그룹		라이프넷생명보험
지하철역 주변 등에 매장을 설치하고 대면 상담으로 보험 영업을 한다.	**비즈니스 모델**	보험 선정부터 결정까지 모두 인터넷으로 끝낸다.
스스로 보험을 선택할 수 없거나, 선택하는 방법을 모르는 사람 = 대면 상담으로 결정했으면 하는 사람	**타깃**	직접 인터넷 정보를 통해 조사하고 합리적으로 가입해야 할 보험을 결정할 수 있는 사람
· 매출액 / 4427억 원 · 경상이익 / 893억 원 · 당기이익 / 573억 원	**업적**	· 매출액 / 1685억 원 · 경상이익 / -238억 원 · 당기이익 / 약 -240억 원

※ 실적은 각 회사의 홈페이지에 공표된 최신 보고서

잘 생각해보면 보험의 좋고 나쁨 등은 인터넷에서 비교하면 한순간에 알 수 있는 일이다. 따라서 '대리점에 방문해서 다른 사람에게 설명을 들어야 잘 알 수 있다'라고 생각하는 사람들은 인터넷에서 정보를 능동적으로 찾아볼 수 없는 '정보 취약자'가 다수를 차지할 것이다.

내방형 보험 대리점은 대체로 지하철역 근처 역세권에 위치하고 있어 그것만으로도 임대료가 크게 든다. 반대로 말하면 그 높은 임대료를 감당할 수 있는 수익성이 없다면 사업을 크게 확장할 수 없는 것이다. 따라서 보험 대리점은 임대료 등의 비용을 고객에게 전가하고 있는 셈이다.

그런데 그 비용 전가를 어떻게 할 것인가? 아마도 내방형 보험 대리점은 중립을 가장하면서도 보험회사에서 수수료를 많이 받을 수 있는 특정 보험을 추천하는 것이 아닐까? 이러한 의혹은 언론에서도 여러 차례 보도되었다.

사실 경영자의 입장에서 보면 수수료를 많이 받을 수 있는 보험을 팔고 싶은 것이 분명하기 때문에 그렇게 되는 것은 당연한 귀결이라고 생각한다.

오오츠카가구의 비즈니스 모델 전환 실패에서도 배울 수 있듯이 '온라인에서 파는' 것에 비해 '오프라인에서 파는' 것의 우위성은 "의사결정을 왜곡하여 수익이 많은 상품으로 유도할 수 있다"는 것에 있다.

여기서 배운 '비즈니스 불변의 법칙'

- 비합리적인 의사결정을 유도하라!

- 고객만족도와 의사결정의 합리성은 관계가 없다!

치킨집을
생각하는
당신을 위한
망하지 않고
돈을 버는
15가지 방법

비즈니스 불변의 법칙

10

구매로 돈을 벌어라

싸게 사서 보통으로 팔 것인가?
보통으로 사서 비싸게 팔 것인가?

긴장 관계를 통해 싸게 매입한다

'오레노 이탈리안'과
'이키나리! 스테이크'의 차이

싸게 사서 보통으로 팔 것인가?
보통으로 사서 비싸게 팔 것인가?

비즈니스에는 크게 두 종류가 있다. "싸게 사들여 보통으로 파는 비즈니스"와 "보통으로 사들여 비싸게 파는 비즈니스"이다.

이 두 종류의 비즈니스 중에 나는 "싸게 사들여 보통으로 파는 비즈니스"에 경쟁우위를 두는 편이 좋은 비즈니스라고 생각한다. 이유로는 '비싸게 팔고 있다'라는 것은 외부로부터 관측되기 쉬워 결과적으로 경쟁자의 참여를 초래하기 때문이다.

예를 들어, 스타벅스 커피가 도토루 커피보다 비싸게 판매되고 프리미엄이 형성된다는 것은 누구나 아는 사실이다. 따라서 결과적으로 도토루는 '엑셀시오르[22]'라는 새로운 고급 브랜드를 시작했고, 미국 스페셜티 커피 브랜드인 '툴리스 커피'의 일본 진출 등이 일어나고 있다.

이것에 비해 "싸게 사들이는 비즈니스"는 '어떻게 싸게 매입할 수 있는가?', '어떻게 이 가격으로 이익을 낼 수 있는가?' 등의 사항에 대해 은닉하기 쉽고, 결과적으로 돈을 벌고 있다는 사실을 장기적으로 숨길 수 있다.
즉, 비즈니스를 전개하는 과정에서 지속적인 차별화 요인을 만들기 위해서는 비즈니스의 프로세스에서 앞부분에 차별화 요인을 두는 것이 좋으며 판매보다는 매입, 유통 등에서 차별화가 설계되는 것이 바람직하다.

---

22 스타벅스의 인기를 확인한 도토루 커피가 녹색 스타벅스 로고와 흡사한 로고를 이용하여 '엑셀시오르 카페'라는 에스프레소 전문 카페를 시작했다. 스타벅스는 엑셀시오르의 로고 사용 금지를 요청했고, 도토루에서 로고를 파란색으로 변경하기로 하여 화해를 했다.

긴장 관계를 통해 싸게 매입한다

좋은 가격으로 구매하기 위한 방법을 생각할 때 가장 먼저 떠오르는 것이 "대량 구매로 도매상의 우수 고객이 되어 우선적으로 좋은 물건을 공급받는다"는 것이다.
이것는 물론 자금력이 충분하다는 전제에서 가능한 방법으로 자금력이 뒷받침된다면 좋은 물건을 우선적으로 받는 것이 가능할 것이다.

그러나 애초에 자금력이 충분한 상태라는 것은 이미 성공하고 있다는 것으로 이 책에서 취지로 삼는 바는 아니다.
따라서 또 다른 방법으로 생각할 수 있는 것이 "물건을 잘 아는 손님"으로 도매업자가 인지하게 하는 것이다.

사실 개인 초밥집 같은 경우는 개인 가게이기 때문에 대량으로 구매하는 것이 불가능하다. 하지만 '저 가게 주인은 재료를 잘 아는 사람'이라는 인식이 생기면 서로의 긴장 관계 속에서 좋은 물건을 도매로 구매할 수 있게 된다.

여담이지만 이런 종류의 긴장 관계는 가게와 손님 사이에서도 성립한다. 초밥집이라고 하면 "미슐랭 선정 맛집이니까", "리뷰 평가 4.0 이상이니까", "30만 원이나 하는 가게니까"라는 이유로 '맛있다'라는 감상을 갖는 사람들을 많이 볼 수 있지만, 실제로는 유명한 초밥집이 아니더라도 주인과의 신뢰 관계를 구축함으로써 우선적으로 맛있는 재료를 내놓는 경우가 종종 있다.

이때 중요한 것은 맛에 대해 혹은 제철 재료에 대해 적절한 감상을 말하는 것으로 '이 손님은 초밥에 대해 제대로 아는구나'라는 생각을 주인장에게 심어주는 것이다.

이러한 구매의 기술은 사업의 모든 분야에서 도움이 된다.

‘오레노 이탈리안’과 ‘이키나리! 스테이크’의 차이

원래 ‘오레노 이탈리안’과 ‘오레노 프렌치’는 중고서점 북오프의 창업자인 사카모토 다카시가 런칭한 요식업 벤처이다.

‘오레노 이탈리안’의 기본적인 전략은 다음 세 가지 핵심전략에 바탕을 두고 있었다.

① 저렴한 가격대라도 회전율을 높이면 높은 원가에도 이득을 취할 수 있다.
② 식사를 높은 원가로 제공하더라도 와인 등의 음료에 대해서는 통상적인 원가율로 주문이 나온다.
③ 요리의 고품질을 뒷받침하는 요리사는 3성급 레스토랑에서 꾸준히 일해온 요리사로 낮은 임금에 고용할 수 있다.

하지만 '이키나리! 스테이크'는 '오레노 이탈리안'의 "좌석을 없애 회전율을 높인다"라는 겉모습만을 차별화 요인으로 모방해 초기에는 성황을 보였지만, 이후 급속히 내리막길을 걷게 되었다.

실제로 '오레노 이탈리안'의 가장 중요한 차별화 요인은 "요리의 고품질을 뒷받침하는 3성급 레스토랑 출신 요리사(그들의 급여는 부당하게 적은 경우가 많았기 때문에 조금만 급여를 높여주면 영입할 수 있었다)"의 고용이라는 점에 있었다. 즉, '오레노 이탈리안'은 '이키나리! 스테이크'보다 "요리사의 영입"이라는 점에 있어 훨씬 깊은 곳에서 차별화가 설계되고 있었던 것이다.

여기서 배운 '비즈니스 불변의 법칙'

- 싸게 구매할 수 있는 비밀 경로를 만들어라!

- 밖에서 쉽게 보이지 않는 곳에서 차별화하라!

비즈니스 불변의 법칙

11

남의 지갑을 노려라

남의 돈을 노려라

결혼식도 장례식도 남의 돈을 노릴 기회다

싼 선물을 받고 기뻐할 사람은 없다

회사의 돈도 남의 돈이다

빚을 내게 해서 팔아라

남의 돈을 노려라

비즈니스의 철칙은 남의 돈을 노리는 것이다.

예를 들어 음식점에도 "본인이 돈을 내는 가게"와 "남이 돈을 내는 가게"가 있다.

과거 대장성 접대 스캔들로 화제가 되었던 '노팬티 샤브샤브[23]'라는 콘셉트의 가게가 있었지만 '자기 돈으로 노팬티 샤브샤브에 가는 사람'은 실제로 거의 없을 것이다.

원래 샤브샤브를 먹기 원했다면 더 맛있는 샤브샤브집이 있을테고 성적인 목적이라면 더 큰 효용을 가져다주는 가게가 있다고 생각하기 때문이다.

---

23 금융기관의 편의 제공 대가로 대장성 접대에 쓰였던 유흥업소 겸 샤브샤브 요리집. 무제한 19만 원에 추가 요금의 형태를 띠었다. 대장성 향응 비리 사건은 사회 문제가 되면서 정관계 유착 관계에 대한 비난을 받는 단초가 되었다.

인간은 스스로 돈을 쓸 때 많든 적든 가성비를 의식한다. 그런데 돈을 남이 낼 때는 오히려 낭비가 있는 편이 사치스럽다고 느껴지고, 접대라면 그런 가게에서 접대를 하는 것이 효과가 오히려 높아진다.

접대비라는 것은 원칙적으로 접대하는 측이 지불을 하고, 또 그 접대비도 회사의 경비로 처리되기 때문에 최종적으로 누가 돈을 부담하고 있는지 잘 모르는 경우가 많은 돈이다.

'본인이 돈을 내는 샤브샤브 요리집'을 만들려면 당연히 요리 재료를 비롯하여 입지와 가성비도 따질 것이다. 그런데 접대 요구를 목적으로 하면 가성비의 논리에서 벗어날 수 있다.

이처럼 극단적인 사례가 아니더라도 남이 내는 돈을 노리는 것은 비즈니스의 철칙이다.

결혼식도 장례식도 남의 돈을 노릴 기회다

결혼식과 장례식은 대표적으로 남의 돈을 노릴 기회가 된다. 결혼식의 비용이라는 것은 부모의 돈이거나 하객들의 축의금이라고 하는 타인들의 돈을 전제로 하여 지불되는 경우가 많다. 그렇기 때문에 "너무 초라한 예식을 할 수는 없다"라는 생각에 실제로 한 단계나 두 단계 위의 플랜으로 준비해버리는 것이다.

장례식 또한 기본적으로 유산이 돌고 돌아 지불이 이루어지는 성질의 것으로 조의금이라는 임시 수입도 있기 때문에 타인의 지갑을 전제로 하는 지출 중 하나다.
돌아가신 분에게 계명을 지어주는 일본의 장례 문화도 마찬가지다. 종파에 따라 다르지만 '신사', '거사' 등의 등급이 존재하며 일반적으로 시세가 200만 원에서 높게는 1,000만 원이나 하는 불필요한 돈을 들여 긴 계명을 붙이는 것도 남의 돈이기에 가능한 것이다.

싼 선물을 받고 기뻐할 사람은 없다

결혼 활동을 하는 여성들 사이에서는 흔히 반지의 브랜드가 화제에 오르곤 한다. 과거처럼 "월급의 3개월치"라는 시대는 아니지만, 역시 결혼반지는 비싼 쪽이 기쁘고 친구들 사이에서도 자랑할 수 있다고 생각하는 것이 자연스러운 심정일 것이다.

이뿐만 아니라 선물의 가격, 등급에 따라 상대방이 자신을 얼마나 중요하게 생각하는지 짐작하는 것도 세상의 상례이다.

이 상식을 역산하면 "선물은 비싼 것을 주는 것이 바람직하다"라는 행동 원리로 이어진다. 사회인 남성이 결혼을 전제로 사귀는 여성에게 3만 원짜리 목걸이를 선물할 수는 없을 것이다. 즉, 선물은 일정액 이상이 되어야 한다는 암묵적인 약속이 발생한다.

반대로 비즈니스를 하는 사람의 입장에서 생각하면 "다른 사람에게 선물하기 위한 상품을 만든다"라는 것은 비즈니스의 목적 중 하나가 될 것이다.

나의 경우 지인들에게 자주 선물하는 것이 'ROYAL BLUE TEA'이다. 로얄 블루 티는 콜드 블루잉된 고급 홍차나 녹차를 와인병과 같은 고급 보틀에 담은 차로 한 병에 5만 원에서 30만 원이라는 가격대에 판매하고 있다.

차는 술을 마시지 않는 사람에게도 선물할 수 있고, '차'라는 카테고리 안에서 가장 높은 가격대의 상품이기 때문에 선물용으로 사용하기 좋다.

5만 원짜리 와인을 받더라도 와인을 좋아하지 않는 사람에게는 전혀 기쁘지 않은 오히려 싸구려 와인이 되어 버리지만, 한 병에 5만 원짜리 차는 최고급품으로 받아들여진다.

회사의 돈도 남의 돈이다

"남의 돈을 노린다"라고 생각했을 때, 절대 놓칠 수 없는 것이 '회사의 돈'이다. 알기 쉽게 말하면 B2B 비즈니스[24]를 말한다.

법인기업에서 어떤 서비스를 구입할 때 '내 돈과 마찬가지로 소중하게 취급하는' 회사는 극히 드물다.

설령 결재가 사장까지 올라간다고 해도 연간 수십억 원, 수백억 원 단위로 외주를 주고 있는 회사가 1~2천만 원 단위의 지불까지 꼼꼼하게 따져보는 비용은 상당히 높기 때문에, 사실상 불가능하다고 말해도 된다.

24 기업을 고객으로 하는 비즈니스를 말한다. 한 번의 거래 단위가 크고 유착이 발생할 가능성이 높아 이익을 내기 쉽다. 반대의 의미로 개인을 고객으로 한 비즈니스를 말하는 B2C가 있다.

또한, 결재자가 사장이라고 해도 반드시 회사의 오너 사장이라고 할 수는 없다. 월급쟁이 사장이라면 오히려 "문제를 일으키지 말 것", "관습에서 벗어나지 말 것"을 중시하는 경영자가 많고, 자신의 돈처럼 정성스럽게 비용을 사용하지 않는 경영자가 대부분일 것이다.

만약, 오너 사장이라고 해도 비즈니스인 이상 일정한 이윤을 남길 필요가 있다는 것을 이해하는 경우가 많아, 뭐든지 싸게 하려고 하기보다는 "좋게 부탁드립니다"라고 하는 스탠스를 지닌 경영자를 나름 자주 볼 수 있다.

따라서, B2B 비즈니스에서 서비스를 제공하는 경우 일정 정도의 이윤을 확보하는 것이 B2C 비즈니스보다 용이하다고 생각된다.

반대로 말하면 자신이 경영하는 회사에서는 "10원을 자신의 돈처럼 사용한다"는 것이 경영의 요체가 되는 것이다.

빚을 내게 해서 팔아라

영업사원이 고액의 연봉을 받을 수 있는 업종의 대표적인 사례는 역시 부동산업이다.
그렇다면 부동산업이 왜 특별할까? 그것은 '고객에게 빚을 내게 해서 물건을 사게 할 수 있다'는 것에서 그 이유를 찾을 수 있을 것이다.
즉, 부동산이라는 것은 담보가치가 있기 때문에, 만약 고객이 1,000만 원밖에 가지고 있지 않더라도 구입하려는 부동산의 담보가치를 활용하여 대출을 받도록 영업을 한다면 1억 원의 매출을 올릴 수 있다.

또한, 실제 부동산에 설정된 담보가치가 없더라도, 부동산을 구입하려는 고객의 속성이 건실한 직장인이거나 부모의 재력이 확실한 경우가 많아 은행의 입장에서도 대출 회수에 대한 걱정이 줄어든다.

결국, 개인을 상대로 합리적으로 사업을 하려고 해도 벌 수 있는 금액에는 자연히 한계가 있지만, 부동산처럼 담보가치를 이용한 대출로 고객의 신용을 레버리지 시킨다면 이익을 극대화할 수 있는 것이다.

여기서 배운 '비즈니스 불변의 법칙'

- 서비스의 수혜자가 아닌 다른 사람이 돈을 지불하는 사업을 생각하라!
- 기존 저가의 카테고리에서 고급 선물을 만들어라!
- 고객의 '대출'을 노려라!

비즈니스 불변의 법칙

12

비싼 것이 좋은 것이다

과시적 소비를 노린다

인과의 역전, 비싸니까 좋은 것이다

정통의학과 대체의학

과시적 소비를 노린다

경제학에서는 "가격이 내려가면 수요는 늘어나고 공급은 줄어들며, 가격이 오르면 수요가 줄어들고 공급이 늘어난다"는 것이 기본 전제이다.

그러나 베블런이 주장했듯이 '과시적 소비[25]'에 있어서는 이 전제가 성립되지 않는다. 간단히 설명하면 고급 시계나 고가의 스포츠카 등 이른바 사치품은 '자신이 상류층임을 보여주기' 위한 상품이고 따라서 '비싸기 때문에 의미가 있다'는 측면이 있는 셈이다.

---

25 베블런의 저서 《유한계급론》에서 자신의 부를 과시하기 위해 소비를 하는 '과시적 소비'라는 개념이 제시되었다. '과시적 소비'는 해당 상품이 고급스럽다고 알려졌다는 점을 전제로 하여, 그에 따라 부러움의 시선을 받는 것을 의식하여 소비가 이루어진다고 주장하고 있다.

사업가에게는 이토록 고마운 일이 없다. 일반 고객들은 '조금이라도 싸게'를 요구하는 반면, 사치품이 되면 '비싸기 때문에 산다'는 스탠스로 상품을 고르러 오기 때문이다. 즉, 과시적 소비의 관점에서 가격 하락 압력이라는 중력이 가해지지 않는 장소에서 비즈니스를 할 수 있게 되는 것이다.

인과의 역전,
비싸니까 좋은 것이다

'고급품'을 파는 것에는 또 다른 장점도 있다.

인간에게는 '인지부조화의 해소[26]'라는 특성이 있다. 즉, 모순되는 정보를 동시에 품었을 때, 그것을 불쾌하게 느끼기 때문에 부조화의 해결을 위해 사실을 왜곡하여 자기가 편한 대로 해석하려는 특성이다.

예를 들어, 어느 사이비 종교에서 "세계는 1999년 종말을 맞이한다"라고 예언하였지만, 세계가 종말하지 않았을 경우 "우리의 믿음 덕분에 세계가 종말을 면할 수 있었다"라

---

26 '담배를 피우면 몸에 해롭다'라는 사실을 알면서도 '담배를 피운다'는 행동을 하고 있는 경우, 자신의 인지와 행동 속에 모순이 발생하여 불쾌해지는 상태를 말한다. 행동을 변경(담배를 끊는다)하여 부조화를 해소하거나 인지를 변경(담배는 그렇게까지 몸에 나쁘지 않다)하여 해소를 하는 경우가 있다.

고 이야기하며 예언이 빗나간 것을 정당화하는 것과 같은 심리적 기능을 '인지부조화의 해소'라고 말한다.

또한, 품질을 정확하게 알 수 없는 것의 경우 '비싼 것이 좋은 것이다'라고 유추하는 심리적 기능도 작용하게 된다.
예를 들어, 1시간에 1,000원짜리 점술가와 1시간에 10만 원짜리 점술가가 있다면 어느 쪽의 점괘를 더 신뢰할 수 있을까? 1시간에 1,000원짜리 점술가는 어쩐지 수상쩍다. 초보자가 아닌지, 부적 등을 파는 것은 아닌지 등 왠지 모를 불안감을 만들어 버린다.

'좋은 것은 어느 정도 가격이 나올 것이다'라는 소비심리를 역이용하며 반대로 '좀 더 비싼 가격'을 내세움으로써 신뢰감을 조성할 수 있는 것이다.
그리고 '10만 원짜리 점괘'가 그다지 적중하지 않는 것처럼 생각되어도 "그 정도의 가격이니까 의미 있는 말을 한 것은 틀림 없다"라며 점괘와 맞는 부분을 열심히 찾아 반대로 점술가에 대한 로열티를 높이는 심리적인 움직임이 발생하기도 한다.

정통의학과 대체의학

지금까지 이야기해온 '비싸니까 좋은 것이다'라는 심리적 기능은 이른바 '대체의학'에서도 활용되고 있다.

대체의학이란 현대의학에서는 아직 효과가 증명되지 않은, 예를 들어 '암을 치료하는 버섯'과 같은 효능을 내세워 비싼 값에 치료를 하는 사업을 말한다.

암 치료의 경우 '정통의학만을 받은 그룹'과 '정통의학과 대체의학을 병행한 그룹', '대체의학만을 받은 그룹' 중에서 가장 생존율이 높은 그룹은 '정통의학만 받은 그룹'으로 나타났다(그림12).

그럼에도 불구하고 왜 효과가 증명되지 않은 '대체의학'을 사람들은 찾는 것일까?

그림 12 대체의학과 정통의학을 받은 후 생존율 비교

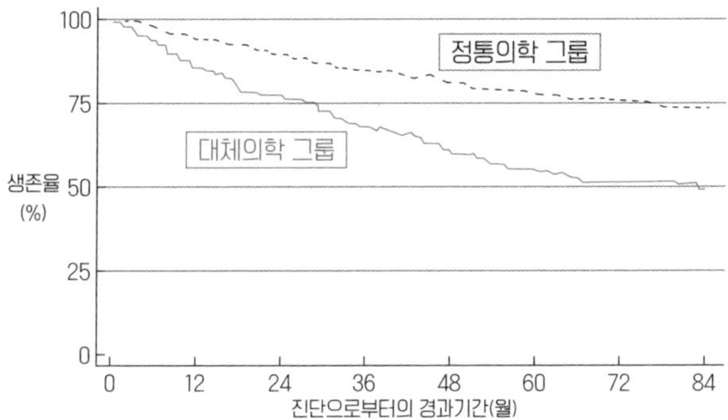

출처)Skyler B. Johnson, Henry S. Park, Cary P. Gross, James B. Yu'Use of Alternative Medicine for Cancer and Its Impact on Survival' (JNCI, 110, 1, 122, 2018)

이는 정통의학이 건강보험에 의해 어느 정도 저렴한 가격으로 치료를 하는 것과 관계가 있다고 생각된다.

실제 대체의학을 표방하는 의사 중에는 “항암제는 국가와 제약사 간의 유착을 위해 보험 적용이 이뤄지고 있으며 암 치료를 위해서는 항암제를 쓰지 않는 것이 좋다”와 같은 음모론을 주장하는 사람들도 있다.

또한, 환자와 가족 중에도 “환자의 목숨을 어떻게든 살리고 싶다”, “치료를 위해서라면 얼마든지 부담할 수 있다”와 같이 생각하거나, 비싼 대체의학의 비용을 지불하는 것이 ‘열심히 치료하는 기분’을 느끼게 하는 것이 아닌가 하는 생각이 있다.

나는 물론 대체의학과 같이 생명을 오히려 단축시키는 사업을 벌리는 것에 반대한다.

그러나 이러한 심리적 기능이 있다는 점을 아는 것이 사업을 일으키는데 도움이 되고, 반대로 소비자로서 서비스를 선택할 때도 도움이 된다고 생각한다.

여기서 배운 '비즈니스 불변의 법칙'

- 가격을 높여 고객의 신뢰감을 키워라!

- 인지부조화를 비즈니스에 활용하라!

비즈니스 불변의 법칙

13

제멋대로 권위를 만들어라

수수께기의 자격증을 만들어라

제멋대로 등급을 매겨라

자기 스스로 강사가 된다

수수께기의 자격증을 만들어라

이제 막 창업을 한 상황이라면 대부분의 경우 돈이든 사람이든 물건이든 모든 것이 갖춰져 있지 않은 상태가 많을 것이다. 반대로 이러한 상황을 극복하지 못한다면 진정한 창업자라고 할 수 없다고도 생각한다.
이러한 상황을 한 번에 극복하기 위해 '브랜드가 있으면 좋겠다'라고 생각하는 사람도 많을 것이다. 그러나 창업을 한지 얼마 되지 않은 상태에서 브랜드를 가지고 있는 경우는 거의 없다.

이때 문제를 해결하는 방법으로 "제멋대로 권위를 만드는 것"이 있다.
권위란 대체로 역사적으로 성립되거나 제도에 의해 보장

되어 만들어진다. 그러나 의도만 옳다면 갑자기 권위가 되는 것도 가능하다.

예를 들어, '일본한자능력검정'은 원래 마쓰시다전기의 사원이었던 오쿠보 노보루가 독립적으로 설립한 민간 자격증이었다. 나중에 문부과학성이 인정한 재단법인이 되지만, 당초에는 완전히 임의단체였던 셈이다.

단적으로 말해서 '한자'라는 것은 중국에서 4,000년의 역사를 가진 것으로 자신의 것도 아닌 것에 대해 '시험'을 만들어 "한자 능력을 인정하는 입장"이 됨으로써 손쉽게 엄청난 이익을 얻을 수 있었던 것이다.

마찬가지로 최근 여성들에게 인기가 많은 자격증인 '채소소믈리에'도 이 같은 방식으로 성공했을 것이라 짐작이 된다.

또한, 자세한 이야기를 할 수는 없지만 나의 도쿄대학교 동기인 친구도 여성을 위한 수수께기 자격증을 여러 개 만들어서 상당한 수익을 올리고 있다.

'브랜드'가 없는 상황에서 사업을 시작하는 경우라면 반대로 마음대로 '인정하는 입장'이 되는 것이 매우 유리하게 사업을 전개할 수 있다는 점도 알아두면 좋을 것이다.

제멋대로 등급을 매겨라

"의문의 자격증을 만든다"와 마찬가지로 마음대로 권위가 되는 유효한 방법으로 "제멋대로 등급을 매긴다"가 있다. 대표적인 것으로 '타베로그'가 있다. '타베로그'는 음식점에 갈 때 사람들이 많이 참고하는 음식점 평가 사이트이다. 타베로그는 음식점의 동의를 구하지 않고 어떻게 보면 마음대로 인터넷상에 맛집의 리스트를 올려놓고 사용자들에게 평가를 받게 하는 구조로 되어 있다. 타베로그의 영향력은 '입소문 사이트'라는 영역을 넘어 타베로그의 평점이 가게의 존망을 좌우할 정도로 커져버렸다.

또한, 기업 신용정보 조사로 기업의 신용등급을 매기는 '테이코쿠 데이터뱅크'는 매출 5,220억 원에 영업이익 1,030

억 원을 기록한 거대 기업이지만 '테이코쿠 데이터뱅크' 역시 민간 기업일 뿐이다.

테이코쿠 데이터뱅크는 기업의 신용도를 100점 만점으로 평가하고, 그 평가를 거래 시 여신조사를 하고자 하는 기업에 판매하는 것이 비즈니스 모델이지만, 이 역시 "제멋대로 등급을 매기기 시작한" 비즈니스의 전형이라고 할 수 있을 것이다.

신용등급을 매기기 시작함으로써 신용등급을 매기는 기업이 권위성을 갖게 되고, 단숨에 브랜드를 만들 수 있다는 점에서 자격증을 만드는 것과 같은 효과를 얻을 수 있다.

자기 스스로
강사가 된다

자격을 만들고 등급을 매기면서 자신이 우위에 서는 입장이 된 후에는 "가르치는 입장이 되는 것"이 이익을 회수하는 하나의 템플릿이 된다.
강사 혹은 학원업의 장점 중 하나는 "당신도 이 능력을 갖추면 돈을 벌 수 있습니다"라고 주장함으로써 '커리어 관리를 위한 투자'로 자리매김하게 하여 비싼 비용도 미래를 위한 투자라고 정당화하기 쉬워진다는 것이다.

학원업을 할 때는 되도록 가르치는 내용이 공인된 것이라고 착각하게 하는 편이 좋기 때문에 '○○○협회'를 마음대로 만들어서 그곳의 이사 직함을 얻는 것도 효과적인 수단 중 하나이다.

또한, 초밥 전문 요리 학원인 '카구라자카 스시 아카데미' 처럼 아카데미나 대학을 자칭함으로써 마치 공식적인 기관인 것처럼 착각하게 하고 강의에 가치를 부여하는 것도 효과적인 수단이라고 할 수 있을 것이다.

우선 자격증을 만들거나 등급을 매김으로써 자신이 한 단계 위라는 전제를 만든 후에는 강사가 되어 교재를 판매하고 수업을 진행함으로써 이익률을 높이는 것은 성공하는 비즈니스의 템플릿 중 하나가 된다.

여기서 배운 '비즈니스 불변의 법칙'

- 제멋대로 자격증을 만들고 신용등급을 매겨라!

- 권위를 만든 후에는 관련 상품을 더 팔아라!

비즈니스 불변의 법칙

14

신자 비즈니스를 구축하라

‘돈’이라고 쓰고 ‘신자’라고 읽는다

기독교에서 사이버 에이전트까지,
종교에 공통되는 구조

스타벅스의 검정색 앞치마

'돈'이라고 쓰고 '신자'라고 읽는다

그런데 돈을 버는 비즈니스 모델을 생각할 때, 빠뜨릴 수 없는 것이 '신자 비즈니스'이다.

이제는 고인이 된 스티브 잡스가 애플의 신제품을 발표하는 모습을 보고 마치 종교[27] 행사의 한 장면 같다고 느낀 사람도 많을 것이다.

애플의 제품은 단순히 스마트폰이나 PC라는 개념을 넘어 '심플한 조작성', '아름다운 디자인'이라는 콘셉트와 함께 스티브 잡스의 카리스마까지 더해져 종교적인 마력을 갖

27 종교나 파시즘은 이른바 '정보가 부족한 사람'들이 속는 것이라는 인식이 있지만, 나치가 선거를 통해 합법적으로 집권한 것은 유명한 이야기이고, 옴진리교 신자 중에는 고학력자도 많이 존재했다. 누구나 무언가 절대적인 것에 의지하고 싶어지는 마음의 약점을 가지고 있다는 것을 알았으면 좋겠다.

게 되었다.

종교적인 비즈니스의 강점은 CAC가 극적으로 낮아진다는 것이다. 즉, '신자'가 '기부(=구입)'를 하는 동시에 해당 제품과 기업을 홍보하는 전도사의 역할까지 맡아주기 때문이다.
다국적 컨설팅회사인 베인앤컴퍼니가 개발한 NPS라는 지표에서는 "이 상품을 친구나 가족에게 추천하겠습니까?"라는 질문에 대한 답을 0점에서 10점까지 점수로 응답하게 하여 고객 충성도를 측정하고 있다. 여기서 9점 이상의 점수를 준 사람을 '프로모터[Promoters]'라고 부르며 이들을 고객인 동시에 홍보를 맡아주는 사람이라고 정의하고 있다.

사실 종교적이라고 할 만큼 열광적인 고객이 있는 비즈니스는 고객이 그 상품을 주변에 추천함으로서 CAC가 낮아지고, 결과적으로 광고선전비를 절약할 수 있기 때문에 높은 이익률이 가능한 비즈니스가 되는 것이다.

기독교에서 사이버 에이전트까지,
종교의 공통되는 구조

'신자 비즈니스'를 구축하면 돈을 벌 수 있다고 말한다고 한들, 종교의 구조를 구축하지 못하면 다 헛수고가 된다. 따라서 우선 종교의 구조에 대해 알아보고자 한다.
종교의 구조를 만들기 위해 필요한 것은 '교주', '교리', '교회'이다. 기독교나 이슬람교나 불교나 이 기본 구조는 크게 다르지 않다.

새롭게 떠오르는 IT 기업의 대표격인 '사이버 에이전트'도 사실 이러한 종교의 구조를 도입하고 있다.
사이버 에이전트는 '그룹 총회'라고 부르는 전사원 조회를 실시하며, 거기서 교주 역할을 맡은 후지타 스스무 사장이 전 사원을 향해 메시지를 전달한다. 그리고 '맥심즈'라는 교리를 전 사원이 지니고 다니며 화장실에까지 붙임으로 교리를 설파한다.

사이버 에이전트의 직원은 연봉이 1,000만 원 이상 오르는 이직 조건에서도 좀처럼 이직을 하지 않는 것으로 정평이 나 있다. 사실 나도 유리한 조건을 제시하면서 직원을 빼내려고 노력했지만 실패한 적이 있다.
그런 강한 충성심을 가진 조직을 만들기 위해 기본 구조로 참고해야 할 것이 종교의 구조인 것이다.

스타벅스의 검정색 앞치마

'신자 비즈니스'의 노하우를 아르바이트에게까지 확대한 곳이 스타벅스이다.

스타벅스의 아르바이트 시급은 다른 아르바이트와 거의 비슷하다. 이는 "스타벅스를 좋아하기 때문에 낮은 시급도 좋으니 일하고 싶다"라고 말하는 사람들이 세상에 많이 있고, 그들이 기꺼이 싼 시급에도 불구하고 일을 하기 때문이다.

여기에 이 시스템을 강화하고 있는 구조가 '블랙 에이프런'이다. '블랙 에이프런'의 핵심은 커피에 대해 더 전문적으로 알게 되면 앞치마의 색깔이 그린에서 블랙으로 바뀌는 구조이다.

이는 기독교에 대해 더 전문적으로 알게 되면 '집사'나 '장로'로 승진할 수 있는 구조와 본질적인 차이가 없다.

하지만 이 '블랙 에이프런'이라는 알기 쉬운 상징이 있기 때문에 "더 나은 스타벅스 점원이 되고 싶다"는 열망을 자극하여 점원으로서의 로열티가 올라가는 구조를 취하고 있는 것이다.

여기서 배운 '비즈니스 불변의 법칙'

- 비즈니스에 종교의 구조를 접목하라!

- 직원을 신자로 만들어라!

비즈니스 불변의 법칙

15

비즈니스의 법칙을 만들어라

비즈니스 불변의 법칙

프랜차이즈도 '비즈니스의 법칙'이다

진짜 돈을 버는 법칙이 최강의 법칙이다

나만의 '비즈니스의 법칙'을 만들자

비즈니스
불변의 법칙

궁극적인 '비즈니스 불변의 법칙'은 지금 나처럼 '비즈니스의 법칙'을 파는 것이다.

경제활동에서의 근원적인 욕망은 "돈을 더 많이, 효율적으로, 편하게 벌고 싶다"라는 요구이다.

그 요구를 충족시키는 당신만의 '비즈니스의 법칙'을 만들 수 있다면 남들보다 압도적으로 돈을 벌 수 있다.

프랜차이즈도
'비즈니스의 법칙'이다

일본을 대표하는 편의점이라면 '세븐일레븐[28]'을 꼽을 수 있을 것이다.

세븐일레븐에 대해 이야기하면 많은 직장인들이 '세븐은행' 등의 금융서비스나 '긴노쇼쿠빵'과 같은 프라이빗 브랜드의 성공이라는 맥락에서 이야기하는 경우가 많다.

그러나 세븐일레븐의 본질은 "세븐일레븐을 운영하면 돈을 벌 수 있어요"라고 말하면서 창업을 준비하는 사람들이나 기존 소상공인들에게 제의하여 가맹점비나 물품 구입

28 세븐일레븐 성공의 이면에는 24시간 영업을 위해 오너가 과중한 노동을 강요당하는 것과 같은 문제점도 많다. 이에 따라 가맹점주들이 뭉쳐 '편의점 가맹점 유니온'이 설립되었고 세븐일레븐 가맹점들의 항의도 이어지고 있다. 또한 '도미넌트 전략(특정 지역에 집중 출점함으로써 지명도를 높이는 전략)'에 따라 인근에 경쟁 세븐일레븐이 입점하여 경영이 어려워진 결과 가맹점주가 자살하는 등의 문제도 발생하고 있다.

비를 발생시키는 형태의 비즈니스이다.

실제로 세븐일레븐 창업 이념에는 “기존 중소 소매점의 근대화와 활성화”라고 적혀 있다. 이것은 알기 쉽게 말하면 “지역의 소매점은 구색이 너무 나빠서 장사가 안되니까, 세븐일레븐의 시스템을 빌려주겠다. 대신 로열티를 지급해라”는 내용을 보기 좋은 문장으로 만든 것이다.
즉, 소매점포를 경영하고 있는 것처럼 보이는 세븐일레븐도 실은 ‘비즈니스의 법칙’을 만들어서 편의점이라는 시스템으로 판매하는 회사라고 생각할 수 있는 것이다.

진짜 돈을 버는 법칙이 최강의 법칙이다

그런데 "비즈니스의 법칙을 팔아라"라고 말하면, 프롤로그에서 언급했던 '멀티 레벨 마케팅'과 무엇이 다른가 의문이 들 것이다.
사실 구조적인 면에서 세븐일레븐의 프랜차이즈 시스템과 멀티 레벨 마케팅은 매우 비슷하다. 그 본질적인 차이는 결국 "실제로 돈을 버느냐? 벌지 못하느냐?"에 있다.

'실제는 돈을 벌지 못하는 법칙'을 팔다 보면 처음에는 진위 여부를 알 수 없기 때문에 일정 수의 고객이 몰려들겠지만, 고객이 일정 수를 넘어 돈을 벌지 못한다는 사실이 알려지게 되면 "이것은 사기다!"라고 외치는 고객들이 나오게 된다.

실제로 세븐일레븐과 마찬가지로 프랜차이즈 비즈니스를 운영하던 '벤처·링크[29]'라는 회사는 원래 '규카쿠'와 '산마르크' 등의 프랜차이즈 가맹점을 전개하며 단기간에 프랜차이즈 업계의 선두주자로 올라섰다.
하지만 준비되지 않은 프랜차이즈 시스템으로 "반드시 돈을 벌게 해주겠다"라며 가맹점으로 모집했다가 가맹점주들의 불신으로 결국 도산을 하고 말았다.

반면, 세븐일레븐은 실제로 돈을 벌기 때문에 로손, 훼미리마트 등보다 더 높은 로열티를 받는데 성공하고 있다.
세븐일레븐 가맹점주가 경영에 어려움을 겪는 것은 '세븐일레븐으로 돈을 벌 수 없다'가 아니라 '세븐일레븐 자체는 돈을 벌 수 있는 비즈니스지만, 그만큼 로열티 지급이 많아

29 프랜차이즈 개점을 지원하는 업태로 한 시대를 풍미한 기업. 최전성기 경상이익이 1,000억 원을 넘기기도 했다. 전개한 프랜차이즈의 수익성과 노하우를 충분히 준비하지 않은 채 가맹점을 모집하여 가맹점주의 불신과 악평을 초래하여 결국 파산하였다.

지기 때문이며' 따라서 세븐일레븐 본사의 경영은 계속 좋아지고 있는 것이다.

여기서 우리가 알아야 할 것은 "지속적으로 이기기 위해서는 정말 돈을 버는 비즈니스의 법칙을 만들어 팔아라"라는 것이다.

나만의
'비즈니스의 법칙'을 만들자

지금까지 이 책을 읽어본 독자라면 이미 '비즈니스 불변의 법칙'이 독자의 뇌를 자극하고 있을 것이다. 물론, 이 책에 쓰여진 '비즈니스 불변의 법칙'을 그대로 활용해도 돈을 버는 사업을 할 수 있는 것은 당연하다.
그러나 '압도적으로 돈을 버는 비즈니스'를 만들기 위해서는 유명 맛집의 레시피가 비밀인 것처럼 자신만의 법칙을 만들고 그것을 비밀 레시피로 삼으면서 비즈니스를 확대할 필요가 있다.

여기에 쓰여진 '비즈니스의 법칙'들은 내가 지금까지 사업을 하면서 가장 핵심적인 '불변의 법칙'들을 엄선하여 공개한 것이다.

이 '비즈니스 불변의 법칙'들을 활용하여 반드시 당신만의 '비즈니스 법칙'을 만들어 내길 바란다.

그리고 실제 비즈니스 현장에서 내가 당신이 만든 '비즈니스의 법칙'을 만나고 연구하기를 기대한다.